メディア・リテラシーの倫理学

小林正幸

風塵社

メディア・リテラシーの倫理学

小林正幸著

風塵社

はじめに

学生から言われることがあった。それも毎年のように。

「先生、この講義って、本になってないんですか？」

講義内で参考文献の紹介はしていたし、教科書の指定をすることもあったのだが、学生からは、僕の講義をフォローし、理解を深めようとすると、参考文献を渉猟しなければならなくなり、大変なことになってしまうというのである。

このように僕の講義をしっかり受け止める学生は、当然少数にすぎないだろうと、当初のうちは学生を甘く見ていた。ところが、学生に課したリアクションペーパーのなかに、以下のような意見が、本当に多く記されており、ふんどしを締め直さなければと思ったものである。

「メディアについて、こういう講義ははじめてで、刺激を受けました」

「哲学にはじめて関心をもちました」

「考えることを学びました」

「この講義で人生変わりました」

このような反応が返ってきたのだ。僕にしても、教育者の端くれという意識は少なからずあるので、徐々に「してやったり」といった満足を感じるようになってきた。若いということで、感化されやすいこともあったり、リップサービスもあるとは思うが、多少その部分を差し引いても、本当にやりがいを感じるものである。もちろん、「哲学の講義みたいで、よくわからない」といった反対の反応も、あったにはあったのだが。

僕の講義のテーマは「メディアとよく生きること」である。これを語る合間に、メディアに関する基礎的な知識を組み込みながら、講義を構成していったのだが、テーマにこだわることだけは手放さないようにしていった。その結果、自画自賛で気恥ずかしいのだが、結果的にユニークな講義になり、学生に対して訴求力をもちえたのではないかと感じている。なんといっても、「よく生きること」と大上段に構えて話していくのだから、驚く学生も多かったわけである。

本文中でも扱っているが、哲学の大原則というか、人間が生きることの大原則は、ソクラテスがいうとおり「よく生きること」以外に何があるというのであろうか。ゆえに、メディアについても、この大原則はつねに生きているし、手放すわけにはいかない。

メディアと倫理に関する問題はいろいろ語られているが、「よく生きること」から語られることがないとすれば、根を張った議論にはならないのではないかと思われる。そもそも、倫理について語ろうとすること自体が、「よく生きること」を問われているにちがいないとも思うのだが。

そこで、本書は先の学生の要望をかなえ、「メディアとよく生きること」について、僕なりに活字という「覚え書き」にしたものである。

講義したのは、法政大学、玉川大学、武蔵大学の各大学であり、本書はこの講義をもとにしてつくられている。もちろん、すべてを取り上げたのではなく、そのなかから、「よく生きること」に関わりの深いテーマを取り上げ、講義ではなく、本というメディアの特性に引きずられながら、そのテーマを広げたり、掘り下げたりしている。

学生たちが示してくれた講義に対する姿勢、そして変化が、本書を完成させた原動力であり、彼らのような存在が、今後とも「メディアとよく生きること」をテーマとして、仕事を継続していくうえでの支えになると確信している。その意味で、学生たちに感謝である。

ある年、二人の女子学生が僕の講義に感銘を受けたといって、履修していなかった僕の別の講義まで受講するようになったことがあった。こちらの講義は十数名しか受けていなかったので、彼女たちの姿を発見するのは容易かった。聞けば、講義が終わった後に、僕と哲学の話がしたかったということであった。いわゆる古典だけではなく、池田晶子さんの『14歳からの哲学』（トランスビュー）を読んで僕の話を思いだしたといって、眼を輝かせていたことは忘れられない。どうもメディア論版の『14歳からの哲学』が、僕の講義であったと受け止めてくれたらしい。少し気恥ずかしかったことが思いだされる。

また、哲学などにまったく関心がなかったという男子学生が、参考文献としてあげた藤沢令夫《のりお》さんの『プラトンの哲学』（岩波新書）を一週間で読んだが、わからないことがあるといって、わからないことを箇条書きにして、そのわからなさを僕に必死に説明してきたこともあった。

本書では取り上げてはいないが、講義ではバタイユを取り上げており、別の男子学生が、バタイユを卒論で取り上げたいとして、個人的に僕に卒論指導してほしいといってきたこともあった。大教室での講義にも関わらず、いつも遅刻してくる彼はなぜか目立っていたものである。バタイユは彼にとっては、かなり困難な内容であったようだが、うれしい申し出であった。

教員として、このような悦びを感じる体験は、すばらしい哲学者や研究者たちの言葉が、学生たちの眼を開かせる力をもっていることを、僕に実感させてくれた。そして、その実感をもたらしたメディアは学生たちであった。

ここで、教員となった僕が、大学生の時に受けたユニークな講義について取り上げておく。それは、先に記した「哲学の講義みたいで、よくわからない」といった学生の可能性に関わってくる。

大学二年生のころだったと記憶している。西洋哲学史の講義であった。この講義では、もちろん普通に教員が話をするのだが、ただ本を読み上げることがあった。それだけではない。教員が読み上げた部分を、そのまま学生が声を出して復唱するのである。デカルトの『方法序説』(岩波文庫)であった。若く生意気な僕は、声を出して本を読むのなら、部屋で読めばいいと考え、その後あまり講義には出なくなった。

それから五年ぐらい経ったある日、何がきっかけだったか思いだせないのだが、何かの本を読んでいるとき、いきなり当時の講義風景が頭をよぎり、デカルトのいった意味がわかったという感覚が襲ってきたのである。あの復唱した部分であった。大学二年生当時の講義を受けたときには、デカルトの哲学について、よくわかってはいなかったと思う。しかし、講義に参加し、声を出し、デカルトを読んだことは読んだのである。その文章の欠片《かけら》が頭の片隅に残っており、その意味をわからないまま、脳内に保存でもしていたのだと思う。

おそらく、五年の月日が流れ、僕の方がデカルトの哲学の一部ではあるにしても、それを受け止める姿勢が準備できたのだろう。そして、頭の片隅に、デカルトの翻訳が記憶されていたため、いきなり理解が訪れたのではないだろうか。

タイムラグがあったとしても、理解は生じる可能性がある。わかるという不思議な人間のメカニズムである。「哲学の講義みたいで、よくわからない」といった僕の講義を受けた学生もまた、それなりに講義に参加し、頭の片隅に記憶されているならば、僕と同じような体験をする可能性をもつにちがいない。いま理解できないということは、明日理解される可能性でもあるわけだ。

ゆえに、本書もまた、読んでわからない部分があったとしても、未来の理解の可能性として担保されうるだろう。だから、この本はそういう可能性を含めて、「哲学の講義みたいで、よくわからない」といった学生に向けても書かれている。

そのうえで、自分が考えてきたものがなんであるのかを、抽象的になりすぎないように気をつけながらどうにか表現したものでもある。どこかに事実誤認や安易な理解がなされているかもしれない。そういうことも含めて、自分が現時点で考えた「メディアとよく生きること」を、本というメディアとして創作し、読者のみなさんに飾り気なしに差し出すものである。どのような反応が起こり、どのような意見が生み出されるのか、楽しみでもあり、少し不安でもある。しかしながら、反応や意見は、新たな私をつくる「他者」でもあるのだから、この不安は「よく生きること」につながっているにちがいないと確信している。

二〇一四年四月

小林正幸

メディア・リテラシーの倫理学　目次

第一章 「不法侵入」としてのメディア体験

一、ゴダール『軽蔑』を観る

まず、私的なメディア体験からはじめたい。

私が大学院生であったころの話である。私が通っていた大学院には専攻室という院生専用の勉強部屋があり、自分専用の机を確保することができた。自宅では机に向かうという気持ちがあまり起きない私としては、専攻室に行けば、少なくとも机には向かうことができると考え、時間が空いているかぎり、足繁く通ったものである。実際には、専攻室にいる友人と無駄話をして、一日を終えてしまうことも多かったので、あまり意味はなかったかもしれないのだが。

ある日、いつもどおり、専攻室で机に向かったのだが、その日はどうも勉強しようという気分にはなれなかった。そこで、私は勉強することを諦めて、そそくさと自宅に戻ることにした。まだ、午後も早い時間帯であったように記憶している。しかしながら、こういうときにかぎって、やることなど何もないものである。そこで、暇つぶしにと思い、最寄り駅近くのレンタルビデオ店に立ち寄り、ビデオを借りることにした。当時は、まだＤＶＤよりビデオが優勢な時代であった。

いつもどおり、趣味のプロレス・ビデオを数本借りたのだが、この日はせっかく時間もあるので、〝真面目〟な映画でも鑑賞しようかという気になった。サボった分を取り戻そうかという姑息な魂胆が働いたのかもしれない。そこで、著作[1]は読んだことがあるにもかかわらず、当の映画を観ていなかった巨匠ゴダールの作品を鑑賞しようと思いついた。実際は何を借りてもよかったのである。『勝手にしやがれ』（一九六〇）でも、『気狂いピエロ』（一九六五）でもかまわなかったのだが、何気なく手に取った映画は、『軽蔑』（一九六三）であった。それは偶然選んだだけであったし、特別期待していた作品ということもなかったのである。

一日を漫然と過ごすなかで、おそらく夕方であったと記憶しているのだが、私は『軽蔑』を何気なく観ることにした。ビデオデッキにテープをセットし、ポテトチップスをつまみながら観た――その程度の気持ちだったのだと思う。

しかしながら、このビデオ鑑賞は私に特別な体験をもたらすことになった。この日常のありふれた映画鑑賞によって、私はこれまで気づかずにいた事柄に気づかされ、理屈ではなく、体験として「メディアとは何であるのか」の、少なくともその一面を知ることができたと思うのである。

その体験について記す前に、『軽蔑』の概要を述べておこう。

『軽蔑』（原題 Le Mepris）は、一九六三年に仏・伊・米が製作国となり、ヘラルドによって供給された作品である。日本では一九六四年一一月の公開。監督は映画批評誌『カイエ・デュ・シネマ』で執筆活動をしていた若手の批評家であり、映画に斬新な手法を取り入れ、「ヌーベル・バーグ（新しい波）」として注目されたジャン＝リュック・ゴダールである。ゴダールは脚本も担当している。原作はイタリアの小説家、アルベルト・モラヴィアである。出演はポール役のミシェル・ピコリ、その妻カミーユ役にブリジット・バルドー、この二人を翻弄する映画プロデューサー役にジャック・パランス。そして、映画監督役としてフリッツ・ラングである。ラングはSFの古典的大作『メトロポリス』（一九二七）やサスペンス『M』（一九三一）を製作した大監督であり、『軽蔑』では自身の役で出演している。

劇作家ポールは、ハリウッドの映画プロデューサー・プロコシュにシナリオ書き直しの依頼を受ける。二人は映画監督ラングとともに、ローマはチネチッタ撮影所で仕事の相談をするのである。美しい妻カミーユを愛するポールであったが、彼女の愛をつなぎ止めるために金が必要であった。彼は劇作家であって、脚本家ではないのだが、金とひきかえにこの仕事を引き受けることにする。

ポールとカミーユはプロコシュの自宅に招かれるが、それ以降、二人の間には微妙な意識のズレが見えるようになっていく。その発端は、カミーユとプロコシュが二人きりになることにポールが同意したことによる。二人は購入したばかりのアパートに戻るが、そこでも微妙なコミュニケーションのズレや嘘が繰り返される。ズレはついに二人の間に亀裂を生み出し、カミーユのポールへの軽蔑という感情として明らかになってしまう。

二人はカプリ島のロケに行くが、そこでカミーユはプロコシュとキスをする。ポールの眼につくように。そして、カミーユは二人の関係の破綻の責任を取るかのように、プロコシュの車に同乗し衝突事故に巻き込まれ、最期を迎える。ポールはまた劇作家に戻ることを決意して幕は閉じるのである。

これがあらすじであるが、二人の関係に生じるズレが亀裂へと変化していく過程は、映画のなかに巧妙に組み込まれている。ここで、読者と少しでもイメージを共有しておきたいので、そのような場面を少しだけ記述しておこう。もちろん、映画鑑賞自体をお勧めするが。

これらズレの象徴的場面が映画冒頭ではないかと思われる。ベッドの上で全裸のカミーユとポールが会話をしている場面である。カミーユは「実家に行くけど、その後はわからない」というが、ポールはアメリカ人のプロデューサーがいる「チネチッタに来るよう」に話をしている。ここでは明白ではないが、カミーユはプロデューサーに会いにいくのをどこか不愉快に感じているように見えるのだが、ポールは彼女の気持ちを察しているという感じではない。

さらに、カミーユは「多分、行くわ」と応えた後、ポールの愛を確かめるかのような質問を投げかける。「あたしの足、鏡で見える？　きれいだと思う？」「あたしのくるぶし、好き？」「あたしの乳首と乳房、どっちが好き？」「完全に好きなのね？」とカミーユの身体の一部への愛を確かめることと、彼女のすべて、あるいは彼女自身への愛を確かめることをつなぎ合わせるかのような問いを投げかける。

それに対して、ポールは彼女が投げかける問いに、「そうだ」と答える。ただ、「そうだ」と発する彼の言葉のトーンから、彼女が投げかけた問いに的確に答えているのかには疑問を感じてしまう。そもそも、女性の身体の一部をいくら重ね合わせたからといって、「完全」に女性になるわけではないだろう。その意味で、彼女は不可能な問いを発しているのだが、その不可能な問いの彼方に見られるかもしれない、可能性としてある「完全」な愛を見据えて、ポールが応答しているようには見えないのである。

この場面では、ベッドの上で愛し合う新婚カップルに成立している幸福なコミュニケーションが描かれているように見えながら、そのなかに巣食っているディスコミュニケーションが亡霊のように垣間見えるため、どこか不穏な空気があるように思えてしまう。この場面が冒頭にあることが、この映画の結末を予言しているかのようだ。

チネチッタで三人が相談しているところに、カミーユがやってくる場面がある。プロコシュは彼女を自宅に招くが、彼女は明確な返答をせず、ポールの意志に任せるような素振りを見せる。結局、ポールは一緒に行くことを承諾するが、彼女だけプロコシュの車に乗ることになってしまう。カミーユは戸惑いを感じているようだが、ポール自身はタクシーで向かうので、プロコシュの車に同乗することを彼女に勧めるのである。

その後も、夕食に招待されるが、それを決めるのはポールであるとして、カミーユは乗り気ではない様子だ。二人がアパートへ帰る途上、カミーユはプロコシュを「最低の男」と評する。ポール自身はカミーユの態度が不自然であることに気づいている様子ではある。

こんな場面もある。自宅に戻ったカミーユがブロンドのカツラをつけてポールに見せ、似合っているかどうかをたずねる場面である。ポールはほとんど無関心で、撮影現場であるカプリ島に行くかどうかを気にしている。カツラをつけた姿を男に見せるだけの、何気ない男女間のコミュニケーションにも思える。例えば、購入したばかりのワンピースを「これ、似合うかしら?」と見せる場面というのは、われわれの日常生活のなかで思い浮かべることができるありふれた女性の振る舞いでもある。

しかし、このカミーユの振る舞いが、先にあげたベッド上のコミュニケーションと同等の問いを潜在的にもっているとしたら、この何気ない場面が、じつは重要な意味をもっていることに気づくのではないだろうか。つまり、女の愛に応えられない〝ダメ〟な男が描かれている場面として浮上してしまうのである。

このように『軽蔑』のなかには、日常のありふれた風景のなかにある、ちょっとしたボタンの掛け違いや不信が散りばめられている。それらに無自覚であったり、見過してしまえば、何ごともなかったかのように日常は継続し、彼らの関係性に亀裂をもたらすこともない程度のことにすぎないのだが。

しかし、カミーユは愛に特別な感性をもつ女性のように思われる。それゆえ、二人の間にあるディスコミュニケーションは事実として亀裂となり、感情として彼女の軽蔑となるのである。

二、メディア体験としての『軽蔑』

では、ここからは私がメディア体験として取り上げたい出来事を説明するために、カミーユが「軽蔑」という言葉を使う場面について素描することにしよう。

カミーユとポール両者の心象風景が、彼女の裸体のシーンとこれまで描かれてきたいくつかのカットが交互に重ねられ、二人のそれぞれの言葉がモノローグ調にナレーションされる。ポールは破局を意識し、カミーユは感情が生んだ混沌を理性で理解しようとする。

ここから、部屋の場面に戻り、プロコシュの招きを受け、二人は出かける準備を行う。つかの間、ポールは仕事をするが、カミーユは家を手放したくないとして、仕事を暗に批判しながらも、カプリ島行きに賛同する。そこにプロコシュからの電話。カミーユはテーブルの食器を片付けようとして、落としてしまう。そこで、プロコシュのことで言い争いになってしまう。

ポールは彼女の心変わりに戸惑い、それまで平静を装っていたカミーユもついに「愛していない」と口に出してしまうのである。理由を問われても、「わからない」と答えるカミーユに、ポールは興奮してつかみかかってしまう。

ポールの胸を叩き突き放し、部屋から出ていくカミーユは、「軽蔑するわ」「これがあたしの気持ちよ。だから愛せないの」「軽蔑している」「触られると寒気がする」とポールに言葉を発してしまう。愛を喪失してしまった理由が、軽蔑という打ち消し難い他者への否定的感情にあることが示されてしまった。ポールは本棚の奥からピストルを取り出し、カミーユが乗ったタクシーに同乗するのであった。

これが『軽蔑』のなかで、映画の題名である軽蔑という言葉が発せられる場面である。ほかに軽蔑という言葉が使われるのは、カプリ島で二人の関係を修復しようとするポールが、その理由を問う場面がある。そこでカミーユは、「何かしらあなた男じゃないのよ」と告げるのである。

さて、私はこの映画を観ることで、あることに気づかされることになった。それは人が人を軽蔑するということが確かにあること、そして確かに二人のこのような関係や状況では、軽蔑という感情が生まれること、それらが至極当然のこととして腑に落ちたのである。私は映画という虚構世界のなかで俳優たちの演技を通して、確かに女が男に軽蔑という感情をもってしまったこと、またもつに到る時間経過のなかで生じてくる軽蔑の生成に得心したわけである。

私がこの映画で知ったのは、「軽蔑とは何か」「軽蔑がどうやって生み出されるか」ということであるように思われる。つまり、軽蔑のＷＨＡＴとＨＯＷを理解したのである。

われわれは日常のなかで、あたり前のように、軽蔑という言葉を使っている。映画やドラマのなかでも、軽蔑という言葉が使われたり、それが描かれることがあるだろう。おそらく誰もが、当然のこととして、「軽蔑とは何か」を知っているると思っているのではないだろうか。

しかし、私自身はそれまでの人生のなかで誰かを軽蔑するという感情を抱いたことがなかった。この映画を観て、その事実にふと気づかされたのである。これはちょっとした衝撃であった。なぜなら、他人を軽蔑したことがないにもかかわらず、メディアのなかで描かれた軽蔑を理解しているからである。これまで他人に対して否定的な感情を抱いたことはあるが、それは好き嫌いとか、うまが合うとか合わないとかいう程度のことであり、軽蔑という感情ではなかった。

とすれば、繰り返しになるが、おそらくは私自身の人生のなかで、他人を軽蔑したという経験はなかったのである。軽蔑というのは何か日常のなかにありふれた感情ではないかと、どこかで勘違いしていたのかもしれない。しかし、そうではなく、軽蔑という感情はじつは希少な経験としてしかありえないのかもしれず、じつは、人間というものは他人を軽蔑することなく、一生を終えるということもあるのかもしれないなどと想いをめぐらせていたのであった。

このように『軽蔑』を観ることによって、軽蔑について、素朴ながら、私は考えをめぐらせていた。それにしても、不

映画『軽蔑』のポスター

思議なことではないだろうか? 軽蔑したことがないものが、メディアのなかにある軽蔑を理解することができるということが。カミーユの感情が本当に軽蔑であると理解できることが。

われわれが実生活と考えていることとは異なる次元に、この映画はある。それは空想、虚構、仮想などといろいろな言い方がなされるが、そこには現実と虚構という対立する二元論が想定されている。

しかし、このような対立する二元論では、『軽蔑』の軽蔑体験を説明するには無理がある。なぜなら、この虚構である映画というメディアが、何か根深い根拠をもった人間のあり方と重なり合っているからである。この映画を観ることによって、私は軽蔑という人間の真相のあり方の、少なくとも一形式を知ったのである。つまり、このメディア体験としての軽蔑を虚構にすぎないと見くびることはできない。これは驚きであり、気づきであった。

この現実と虚構という対立する二元論的理解は、一般的なものである。特にバーチャルリアリティという言葉が人々に浸透して以来、ゲームやインターネットを原因とすると指摘される犯罪が起こるたびに、現実と虚構の区別がつかない人間という断定がまかり通ってきた。いまでは虚構は仮想(バーチャル)と言い換えられてもいる。

しかし、『軽蔑』の極私的体験は、現実と仮想の間で行き来が生じ、人間の想像力が両者の「重ね合わせ」を行っていると考えられる。それゆえ、いわゆる現実に豊かな理解が加えられているのである。このように考えると、現実と虚構の区別がつかないとの言い回しは、ネットの閉じた世界に耽溺することで、両者を「重ね合わせ」る想像力を失っていることを意味するだけである。そもそも現実と虚構を対立させる二元論こそがくせ者なのだ。

このように考えてくると、二元論では『軽蔑』は虚構を描き出すにすぎないと考えてしまうことになるが、他方、私のメディア体験では、われわれが日常生活で半ば当然知っていると思いがちな軽蔑という感情を、日常生活以上に知らしめてくれたのである。

このような体験が映画というメディアを媒介にして起こっているのである。とすれば、このメディア体験を通して、私は軽蔑という知を手にすることができたことになるのではないだろうか。

三、「不法侵入」体験

ただ、このメディア体験によって、軽蔑の真相・真理を完全に把握したとすれば、その判断は性急であるともいえる。

数年前になるが、講義のなかで『軽蔑』を取り上げた際、学生の感想から新たな視点を与えられたことがあった。女性の感想であったと記憶しているが、軽蔑は女が男にするのであって、その反対はないとの痛烈な意見がリアクションペーパーに書き留められていた。つまり、男女間の権力関係という社会構造が土台となっているとの鋭い見方である。

彼女の意見が正しいか否かはわからない。しかし、講義での学生からのリアクションペーパーというメディアが、またもや私自身のそれまでの軽蔑理解に新しい視角をもたらしてくれたのも事実である。これもまたメディア体験である。先に私は「カミーユは愛に特別な感性をもつ女性」であると書いたのだが（二〇頁）、この私の意見自体が男性目線の偏りから生まれたとの疑念が浮かび上がってくることにもなる。

メディア体験で得た知識は更新される可能性を常にもつ。このようなメディア体験はドゥルーズの流動の哲学に重なると思われる。ここで、ドゥルーズの流動の哲学にごく短く触れておくことにする。

ドゥルーズの存在論の基本的構図は「潜勢態」と「現勢態」である。この二つの概念は現実と虚構、あるいは仮想を取り上げたとき、問題視した対立的な二元論を構成する概念ではない。「現勢態」は「潜勢態」を影のように伴う関係性を有する。先に取り上げたときは、このような関係性を「重ね合わせ」と表現しておいた（二四頁）。

すべての事物事象は、「潜勢態」がその可能的なもののなかからの現実への移行によって「現勢態」として自らを生成するのである。そして、これらの無限の連鎖が世界なのであり、現実とはこのような流動のなかにある。[2] ちなみに「潜勢態」は英語では The Virtual であり、先の仮想をも組み込む概念である。そもそも人間は虚構、あるいは仮想と現実の間を行き来する存在なのであり、両者をつながりと重なりのうえで理解したとき、対立する二元論はあまりに脆弱な理解に陥ってしまう。

私は映画『軽蔑』を暇つぶしに観る前、その時点での「現勢態」としての軽蔑を理解していたのだが、映画というメディア体験が、軽蔑における「潜勢態」のある一つの可能性を「現勢態」として具体化することになり、既存の「現勢態」を変容させたのである。さらに、学生が書いた感想文というメディアが映画におけるメディア体験同様、既存の理解としての「現勢態」から「潜勢態」、さらに「現勢態」へという連鎖を「反復」したのである。この連鎖によって、軽蔑の意味世界に「差異」がもたらせられるのである。

さて、この私的なメディア体験において、メディアとわれわれの原理的な関係が浮かび上がるのではないだろうか。それは、メディアはわれわれに知をもたらすということである。これまで取り上げてきた事例では、「軽蔑とは何であるか」という知を私にもたらしたわけである。加えて、メディア体験の前後では、われわれはちがう存在であるという事実が浮かび上がる。実にあたり前のことである。

いまここで、メディアがかつて知っていた軽蔑の意味を深化させ、そもそも「軽蔑とは何であるのか」について考えをめぐらすように私を誘ったことに対して、それらの一連の過程をメディア体験と名付けてきた。ここからメディアを後退させてしまえば、ドゥルーズも同じような体験について語っている。それは「不法侵入」なる概念によって語られている。それは考えることについての哲学である。

パスカルが「人間は考える葦である」と語ったように、われわれ人間にとって考えることはまさに人間の本質のように思われている。確かにそういう部分はあるし、それは重要なことである。動物とのちがいを強調すれば、人間の本質は考えることにあるといえる。

だが実際には、人間がいつ何時《なんどき》でも考えをめぐらしていることなどはありえない。おおよそ人間というものは、大抵は考えていない存在なのである。そもそもいつ何時でも考えなければならないとしたら、人間にかかる負担はどれほどきついものになるだろう。

例えば、目の前に見ず知らずの男がいるとしよう。この人物がどのような性格で、私に対して何をするのかしないのか、そんなことに考えをめぐらさなければならないとしたら、渋谷のスクランブル交差点は成り立たないだろう。なぜなら見ず知らずの男が何十、何百と目の前に現れ、横を通り過ぎていく間、その通り過ぎる人間の数だけ考えをめぐらせ、その考えの一つさえも結実することがないとすれば、ひょっとして気がおかしくなってしまうのではないだろうか。

人間はそこで慣習に身を委ねることによって、つまり考えなくてもすむようにしておいて、日常生活をやり過ごすのである。とすれば、考えることとはこのようなやり過ごしが途絶えることであり、慣習が断絶することである。ドゥルーズは人間が考えを起こすためには外部からのショックが必要だと考える。先の文脈でいえば、やり過ごしが途絶えるきっかけが必要だということになる。このショックを「不法侵入」と呼び、「不法侵入」を与えることができる存在を、他者の現前として見るのである。

『軽蔑』によるメディア体験とは、『軽蔑』という映画、あるいはその映画という虚構世界のなかでのカミーユとポールの関係性やコミュニケーションが、私に対して「不法侵入」することによって、暇つぶしにすぎない慣習化された時間を途絶えさせ、考えることを強制したものであったということができる。メディアそれ自体を他者と名付けることは留保しておくが、画面のなかでのカミーユは他者として、私の前に現前していたといえるのではないだろうか。

慣習化された世界のなかで安逸に生きることは、別に悪い生き方ではないだろう。そもそも先に述べたように、慣習がなければ、われわれは生き難いし、ただ疲弊するだけである。休みなく考え続けることになるのだから。しかし、この人間らしいともいえる安逸した世界が崩れることがある。そのとき、考えが、思考が胎動する。ドゥルーズはその原因を他者というが、ここではそのきっかけは映画なるメディアであった。

とすれば、一つの仮説が生まれる。メディアは、ドゥルーズのいう他者の役割を果たすことがある。当然メディアは、慣習化された世界のなかで安逸に生きるのに都合のいい装置ではある。実際に『軽蔑』は、そういう目的で借りてきたビデオでしかなかった。しかし、同時に他者性を帯び、私を捉まえてしまい、考えることに向かわせたのであった。

先に人間の本質が考えることにあることを否定するような言い回しをしてきたが、このように整理してみると、考えることに巻き込まれることもまた、人間の本質であるということができる。慣習化された世界に安逸に生きることが人間のありようであり、それこそ人間的な生であるとすれば、考えることに巻き込まれている人間は、比喩的ではあっても、人間的な生をその時点で乗り越えている。それを人間の可能性として発見するならば、考えることが人間の本質として浮上してくるだろう。そして、考える前と後では、人間は異なる存在になっているともいえる。

しかし、われわれはメディアによってわれわれが変容するということを自覚しているわけではない。われわれがメディアを眼差すとき、われわれはメディアの変化に気を奪われがちである。例えば、スマートフォンやツイッターといった新しい道具について雄弁に語る議論は、その表層的な変化を追いかけ、それを使うわれわれの方は、社会経済的な情報処理の端末に矮小化されてしまいがちではないだろうか。あるいは、便利や快適であるといった矮小化された幸福観によって、価値判断されがちではないだろうか。この幸福観は慣習化されたなかで安逸に生きる人間の本質と重なり合ってもいる。

本書は、このような問題意識を背後に控えながら、メディアとわれわれの原理的な関係について、いくつかの角度から考察していきたいと考えている。

さらに、このような「メディアとは何か」という問いをめぐるなかで、メディアと「よく生きること」について考察をしていくことにする。これもまた当然のことなのであるが、メディアが「よく生きること」につながらず、「よく生きること」を拒んだり、阻害するのであれば、われわれはそのようなメディアとわれわれの関係を徹底的に批判する必要がある。逆に、メディアが「よく生きること」と親和しているならば、この関係を悦ばしく思えばいいだけである。

とすれば、メディア体験について理解を深めることからはじめなければならないだろう。

第二章　不変としての情報観の成立

一、情報不変論

二〇〇三年に出版され、ベストセラーとなった養老孟司著『バカの壁』（新潮新書）の冒頭に、こんなエピソードが綴られている。北里大学薬学部の学生に、ある夫婦の妊娠から出産にいたるまでを追いかけたドキュメンタリー番組を見せたところ、男女でまったく異なる反応を示したというものである。

ビデオを見た女子学生のほとんどが出産について、新しい発見をしたとの反応を示したという。彼女たちと比較して、男子学生の方は反応が薄く、「保健の授業で知っているようなことばかり」との答えが返ってきたというのである。

この正反対の反応について、養老は情報に対する姿勢の問題であると指摘する。その姿勢とは、「知っている」「わかっている」という安易な推量をしてしまうかどうかということに関わっている。安易な推量の反対姿勢が、発見への意志とでもいえる姿勢である。この出産ドキュメンタリー映像の事例では、女性側が発見への意志をもち、男性側は安易な推量に留まっていたわけである。女性は将来の自らの出産を想像して、映像で表現されているさまざまなディティールに分け入りながらの鑑賞を行う。その結果、新しい発見をする。当然だろう。おそらく女性であれば、自分のこととして引き受けるような出来事であるため、自動的に発見の意志が作動することは想像に難くない。そして、真剣にビデオを観ているのだから、必然的に感想や意見が生じるはずである。

男性は「保健の授業で知っているようなことばかり」という安易な推量のなかで鑑賞する。よって、保健の授業という実体験ではない知識をなぞるわけである。じつは知らない場面、情報があるにもかかわらず、「知っている」という姿勢が、それらへの関与を失敗させるわけである。男性にとっては他人事ということなのだろうか。このような自主的な情報の遮断を「バカの壁」と養老はユニークなネーミングをしたわけである。

このような事例を引き合いに出し、養老は万物流転論と情報不変論という立場を取る。

まず、情報不変論について見ておこう。われわれは現代社会の特徴の一つとして、情報化社会という言葉を口にする。おそらく、それは以下のようなイメージであろう。メディアあるいは情報技術（IT）の発達にともなって、われわれは日々刻々情報の渦に巻き込まれ、それら情報に対処するのに苦慮している。これらに対応し、なおかつ十分に使いこなすことができなければ、社会から取り残されるとのイメージである。このようなイメージには、ある想定がある。それは、情報が日々刻々変化する性格をもっているとの前提である。

確かに、多くの人々はテレビやPC、スマートフォンのスクリーンに常時かじりついている。これらデジタル機器やテクノロジーはコミュニケーションの効率化を図り、便利さを追求すべく普及した結果、どうもわれわれは忙しさのただなかにいつもいるようである。たいていは仕事の効率化を図るというたい文句になっているわけだが、仕事にかぎらず、いつも忙しさをかき立てる道具になっているというジレンマを招いているようである。確かに、多くの人や組織と連絡をとることができるし、あらゆるニュースを見ることもできる。また、ネットの通信速度やエリアの拡大によって、スクリーン上にはいつも新しいメールやつぶやき、数多《あまた》のニュースが次々と流れ込んでくる。このような現状認識をもとにすれば、情報は絶えずやってくるもののように思えるだろう。

このような情報空間に身をおけば、情報はすごい速度でわれわれを通過していくように思える。それゆえ、情報の量と速度がわれわれを翻弄するゆえ、情報が変化し続けるとの実感を抱くわけである。

しかし、養老によれば、情報は変化しないというのである。現代社会では、確かに情報は大量かつ非常に速い速度をもつが、情報一つひとつを取り上げれば、その一つの情報自体が変化するわけではないのも確かである。三日前に受信したメールの文言は確かに変化しない。ブログは更新されるが、一週間前のブログ自体の内容はそのままである。

養老はソクラテス以前のギリシャの哲学者ヘラクレイトスが遺した「万物は流転する」という

言葉を例にとり、ヘラクレイトスの言葉はおおよそ二五〇〇年間も変化しない言葉であると、一つの事実を提示する。この事実から、養老は情報不変論というレトリックを導きだすのである。

ここには、養老の卓越した近代批判がある。彼は「脳化社会」という考えから、人間が社会生活を営むうえで必要なのは、その個人の「共通性」の追求にあると指摘する。「共通性」とは個人の「自己同一性」である。脳はそれを追求する作業を行うわけである。

近代的個人というのは、つまり己を情報だと規定すること。本当は常に変化＝流転していて生老病死を抱えているのに、「私は私」と同一性を主張したとたんに自分自身が不変の情報と化してしまう。(1)

ここに個人が不変であるとの近代的信念が生まれ、不変の情報として個人が存在するかのような錯覚を生み出したのである。養老はこのような近代化の動向を「自己の情報化」と批判する。しかし、人間は細胞レベルであろうと、意識レベルであろうと、日々刻々と変化するのを常とする存在である。つまり、人間を含めて生物は日々変化するが、情報は変化しないというのが、養老の理解であり、レトリックなのである。

養老が情報というとき、その情報はある確定された意味内容をもつことを意味する。端的にいえば、事実である。例えば、「夏目漱石は朝日新聞社の社員であった」とか、「WBC（ワールド・ベースボール・クラシック）の試合で日本は台湾に四対三で勝利した」といった、誰の眼にも明らかな事実である。このような端的な事実の、より端的な例は数学や物理などの数字で表現される世界である。「1＋1＝2」「3×3＝9」「サイコロで2がでる確率は6分の1である」という命題を、われわれは疑いのない確定された事実であると考える。これは妥当な判断ではある。

これらは、ある論理に基づいて、事実であるか否かが確定される。そのような性格をもつ特定の事象を養老は情報としているわけである。先にあげた「夏目漱石……」「WBC……」との情報は、歴史事実を知らなかったとか、新聞を見間違えたといった単純な誤解とかがなければ、確定された事実であることを簡単に判断できるものである。

二、情報の数学的見方

では、どうして情報が不変的であるとの信念をつくるのか、その背景について見ていこう。そこには情報の数学的理解、あるいは量的理解が影響を与えているのである。

「インターネットは便利な情報収集の道具である」とか、「不正をはたらいた企業は情報公開をすべきである」といった表現は見慣れた表現といっていいだろう。われわれは、このように日常的に情報という言葉を使っている。このような情報という言葉の日常的表現が意味するのは、「わからなかったことをわからせるもの」といった程度の意味であろう。情報とはわれわれに未知の出来事やその事情を知らしめ、それによって、われわれが状況を判断し、特定の行動を選択させる何かということになる。

もう少し具体的に、テレビの刑事ドラマの〝お決まり〟のシーンを例にして、イメージしてみよう。いま、時限爆弾が爆発三分前である。赤青黄色のコードのうちどれか一本を切れば、爆発は阻止できる。主役の刑事が決断しようとするとき、どの色のコードを切ればいいのか、犯人から聞き出そうとしたり、携帯電話で爆弾処理班に質問したりというシーンが思い浮かぶ。あるいは、危機一髪のとき、あるシーンがフラッシュバックし、そこからヒントを得たりなど。そこで、主役の刑事はどれが切るべき一本かを勇気をもって決断する。このシーンでは、どれが切るべき一本かを明らかにしてくれたことが情報である。

このシーンから、次のように説明することができる。情報とは、いくつかの可能性のなかから、そのうちの一つを選択するものであると。ゆえに、犯人からの話、爆弾処理班の答え、フラッシュバックは、三本のうちの一本を選択する確率を左右する情報である。このように考えると、情報というのは数学的、量的に位置づけられるものと考えることができる。

ここで、「情報エントロピー」という考え方について説明しておこう。この考え方では、「情報量」とは、以下のように考えられる。ある特定の事象に関して、実際に起こる確率が高ければ高いほど、その事象の情報量は少ない。反対に、確率が低ければ低いほど、その事象の情報量は多いとされる。たとえば、真夏の天気予報が「明日は雪にならない」と告げた場合、それはあらかじめ十分予想される事態であるがゆえに、その予報の情報量は少ないと考える。ところが、「明日は

シャノン＝ウィーバーの伝達モデル

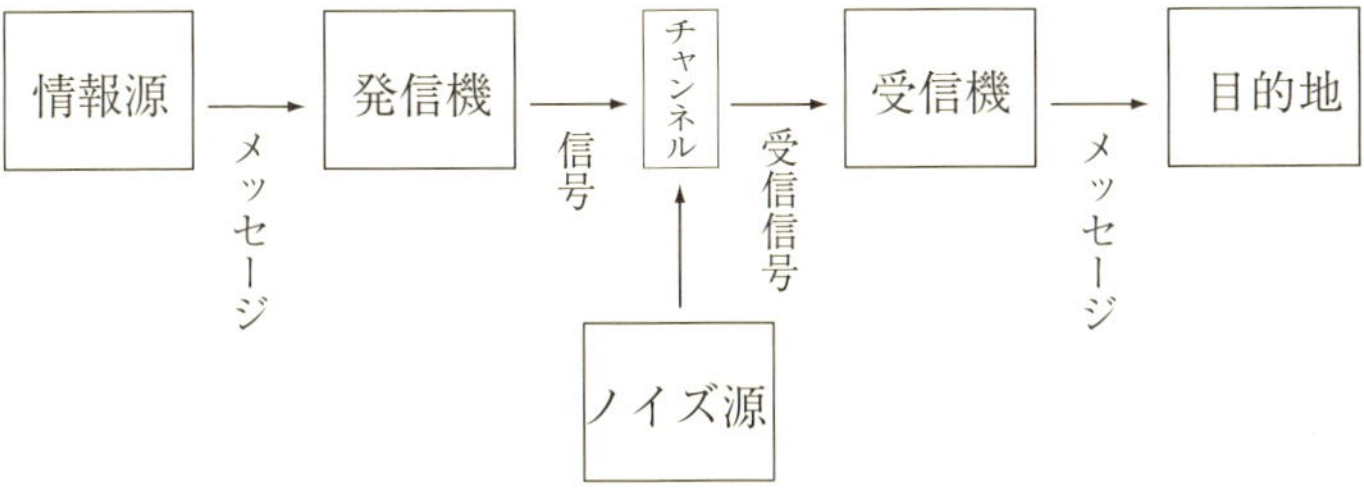

雪になる」と告げた場合には、それは一般的に起こりそうもないことである。ゆえに、その予報の情報量はきわめて多いということになる。つまり、「情報量」とは通常われわれが使うような情報の多い少ないを意味するのではなく、複数の選択肢があるなかで、ある事象が選択されることで、不確実な状況に対処可能となるか否かを示す概念なのである。より確実なものとする情報は、不確実性を縮減するのである。先の刑事もののシーンでは、例えば、フラッシュバックの情報量が多く、危機を回避できたという物語展開が繰り広げられるのかもしれない。

　この情報の数学的、量的性格を推進し、コミュニケーションの基礎理論となったのがシャノン＝ウィーバーの情報理論である。そこでは、受け手の意味や価値、あるいは解釈という次元を問わずに、信号伝達の効率性を追求する。それゆえ、彼らの情報概念は厳密に数学的な概念である。実のところ、シャノンらの情報理論は結果として、（意味や価値を議論の射程に含めざるをえない）人文社会科学分野でのコミュニケーション研究にも広く影響を与えていくが、情報を量的に位置づけるかぎり、限定的なものと見ておく必要がある。[2]

特にわれわれの生活にとって重要な変化は、テレビやラジオなどのマス・メディアによって供給される情報が社会的知識となり、これまでの日常生活とは異質な世界へと導かれたことがあげられるだろう。つまり歴史上かつてないほど、われわれ人間は大量の情報にさらされ生きているというイメージを共有するようになったのである。加えて、何が真実の情報なのか判断が難しく、真偽が曖昧な情報を取り込んでしまうというイメージもまた共有されている。もちろん、インターネットも情報化における社会的知識の供給源であることはいうまでもない。その意味で、「コンピュータ社会」「デジタル・メディア社会」とは情報化社会のイメージをさらに拡大しているということができるだろう。

このように数学的、量的にイメージされる情報概念は、現代社会における「情報の過剰」という問題として認識される。クラップによれば、「進歩」の名の下に常に新しいものを取り入れようとする現代社会は、絶え間なく生産される新しい情報を次々に消費せざるをえない社会として成り立っている。

この現代社会における無尽蔵な情報の流通という事態は、われわれが日常的に用いる情報という言葉のもつイメージに近い。そして、情報を数字として、つまり数え上げることができるものとする見方は、一つひとつの情報を固定したものとしてイメージさせる。この見方が情報不変論にリアリティを与えるのは当然である。

人々は大量の情報を十分に吟味することができない。ゆえに、社会のなかで大量の情報がノイズとなってしまう。それゆえ現代社会は、ノイズとなった情報が社会の不確実性を増大していると考えられるのである。クラップはこのような現代社会の特質を「情報エントロピー」の増大と呼ぶ。「情報量」が大きいとき、社会の不確実性は縮減される。しかし、「情報の過剰」は把握しきれない情報の量を増大させ、社会の不確実性を増大させる。つまり、われわれが知らない情報が多い社会は、われわれの認識や判断を鈍らせるために、不安定な社会になると考えられるのである。(3)

蛇足だが、「情報エントロピー」という考え方は、われわれの日常生活を反省させるよい見方である。

一つ例をあげておこう。大きな大学病院に行ったとする。外来で問診をしたあと、血液検査をすることになったとしよう。この病院は非常に広く、複雑な造りになっている。そこで、案内係が懇切丁寧に採血する場所への行き方を教えてくれる。一回聞いただけでは理解できないほどの道順であり、目印となる場所がはじめて聞く複雑な名称であったりすることもあるだろう。それだけではない。最近の病院では、患者サービスの向上を目的に、丁寧な接遇や言葉遣いが求められている。そのため、「お手数をおかけいたしますが」「誠に恐縮ではございますが」などのクッション言葉が使われる。結果、案内が非常に長くなってしまい、その場で理解できない部分が大きくなってしまうことがある。つまり、道順についてのノイズが増大してしまうことになる。そのため、どこに行っていいのかわからなくなるということが生じてしまうのである。

では、不確実性を縮減するためにはどうしたらよいのか。それは的確なポイントを押さえた案内をすることで「情報量」の増大を計り、過剰な接遇を控えることによって、ノイズの低減を行うことである。バカ丁寧はいただけないということである。

クラップは情報の生産—流通—消費を加速させる「開放化」を、些細な情報を肯定し、絶えざる変化を肯定する近代主義的前提から必然的に導きだされた現象であるととらえている。そのうえで、「開放化」が無制限に押し進められることが高度情報化であるとすれば、このような潮流の進展は批判されねばならない。なぜなら、理解できない情報の量が増大し、不確実性を促進するからである。

確かに、マス・メディア時代における「情報の過剰」という事態をいかに理解するのかについて、クラップの議論は多くの興味深い視点を提供してくれるが、これを批判する立場もありうる。なぜなら、マス・メディアの機能は過剰な情報を発信するというよりは、潜在的で複合的な情報を、ある程度統合的なイメージとして顕在化するからである。つまり、われわれはマス・メディアによってわかりやすい世界を提示され、そのなかで安住することができるのである。インターネットであれば、検索システムは同様の機能をもっているともいえる。こう考えると、われわれは大量の情報がノイズ化しているという見えない力に対して、恐れを抱いているのかもしれない。

三、「機械情報」の拡がり

情報の数学的、量的見方は、情報がどこにでも転がっているという印象をわれわれに与える。そういう数えきれない情報に取り囲まれているのが現代社会であるという認識につながる。そのような情報は数えきれない数があるにしても、それら一つひとつは数えることができる。それゆえ、一つひとつの情報は不変であるとのリアリティを強化することになる。社会の「情報エントロピー」が増大し続けること、ノイズが増大し続けることと、個々人が現に特定情報と対峙することは異なる水準にある。養老は後者の水準から情報不変論を提示し、世間一般は前者の水準から印象論的に情報は変化すると考えるわけである。

養老の情報不変論に対して、基礎情報学を提唱する西垣通は共感を持ちながら、情報概念の整理から批判する。西垣は情報不変論における情報が「小包」のような性格になっているという点について、疑問を投げかけている。情報が「小包」のように変化しないまま伝達されるとの位置づけを、西垣は「擬制（フィクション）」であると異を唱える。さらに、この「擬制」に基づき、社会が成立していることに問題があると議論を展開する。(4)

ところで、これまで養老の情報不変論をあえてレトリックであると言及してきたことに、読者は気づかれただろうか。養老の意図するところは、情報不変論という認識が社会に成立している状況を踏み台にして、個人を不変な情報であるかのように見る社会を批判することにある。この批判は、じつは西垣が批判する視点と重なっているように思われる。

西垣の批判は、情報不変論が昨今のウェブ礼賛論に結びつくことを懸念しての、深謀遠慮の色合いをもっている。そこをひも解くと、両者の重なり合いが浮き上がってくる。そのために、まずウェブ礼賛論を押さえておこう。

ウェブ礼賛論とは、いわゆる技術発展に対する楽観論であると西垣は指摘する。数年前に、Ｗｅｂ２・０という技術に注目が集まった。Ｗｅｂ２・０では、コンテンツを提供するのはユーザーであり、ユーザーが提供したデータによって、膨大なデータベースが構築される。企業が行うのは、データを処理するシステム構築と管理である。また、このような性格のメディアを、ソーシャル・メディアとも呼ぶ。例えば、ウィキペディア、グーグル、アマゾン、ＹｏｕＴｕｂｅ、ニコニコ動画、フェイスブック、Ｍｉｘｉなど、またブログもＷｅｂ２・０である。

これらに共通するのは、ネットへの参加や利用のための技術的制約と心理的負担を低減したことにある。そこで、この技術をもとに、一般ユーザーによる意見の表明や情報交換がなされ、「集合知のユートピア」ができるとするのが、ウェブ礼賛論である。

少なくとも、集合知が民主主義と親和的な知になるためには、人々の意見交換から生み出される知的活動が、単に多数意見の採択になるのではなく、少数意見への配慮を必要とする。そのために、相異なる者同士の対話を辛抱強く続け、合意を得る手続きが必要になる。当然、意思決定

には時間が必要である。(5)
現状のネット上のコミュニケーションが、そのようなプロセスをもっているかといえば、心もとないだろう。ネット上での誹謗中傷合戦などは、個人の憂さ晴らしとしても、そのようなプロセスと真反対であることはいうまでもない。少なくとも時間をかけた反応というわけではないだろう。

ユーザーが参照する情報について、西垣は現在のウェブの状況では、過去の発言のストックは重要視されず、現時点でのフローが影響力をもつとして、結果、専門知が軽視されたり、有名人の言説が大きな影響をもつと指摘する。このようなウェブ状況において、「民主的で平等な集合知」が成立するかは、確かに疑問が残る。

それ以上に、集合知が現実として「三人よれば文殊の知恵」となったとして、それを現実の政治や社会で実現するための制度や、その制度を支えるエートスが必要ではないだろうか。ちなみにエートスとは、ウェーバーの用語で、特定の倫理が血肉と化し、個人の内面から一定の行動へと動かしていく、実践的な起動力であり、推進力である。そのようなエートスもなく、シミュレーションとゲーム理論で実証的に導きだされる意見が「正解」として導きだされたとしても、その「正解」を民衆の意志として具体化させるには、まだステップが足りないと思われる。Web2・0という参加型の技術は、社会による意志決定に見えながらも、技術の構造自体に振り回される技術決定論ということになりかねないのである。

西垣による情報概念の整理

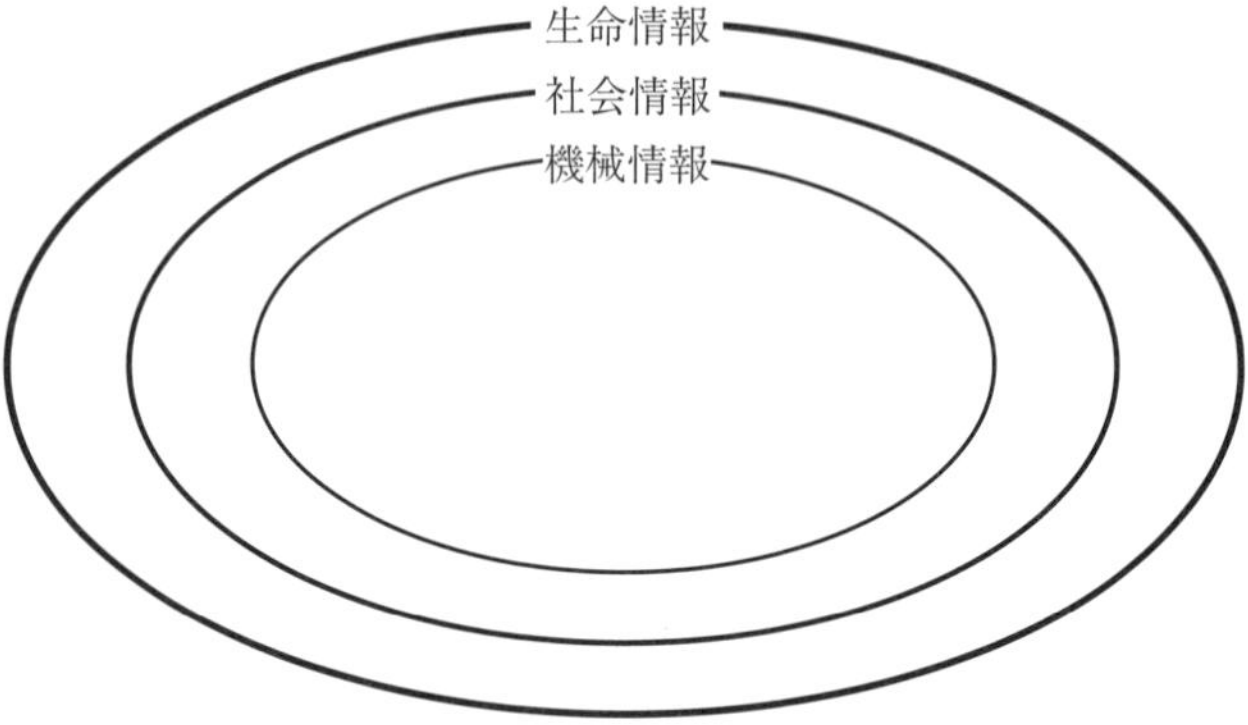

西垣通著『ウェブ社会をどう生きるか』(岩波新書、2007年)を元に作成

では、どうして人々がウェブ礼賛論に流されるのだろうか。

西垣によれば、ウェブ礼賛論は情報不変論と重なる世界観であり、近代社会に適合したものの見方であるためである。この見方には、先のクラップの情報の生産—流通—消費の加速、つまり「開放化」をもとにして、情報が不変であるとする見立てが自ずと組み込まれてしまう。西垣はこのような情報を「機械情報」と呼ぶ。「機械情報」こそが、情報を「小包」としてみなす概念である。

西垣の基礎情報学において、情報は「生命情報」「社会情報」「機械情報」に分類される。これらの分類は基礎情報学のもっとも基底的な情報理論になっている。ここでは、養老の情報不変論とその問題意識の重なり合いを確認することが目的なので、これらの情報概念については簡単に触れるだけにしよう。

「生命情報」は「基本的に生命体による認知や観

察と結びついた」あらゆる情報を指している。「社会情報」は「人の社会において多様な伝播メディアを介して流通する情報」である。これら二つの情報概念は意味内容を有する情報である。そして、これらの下位集合として、「機械情報」は位置づけられ、意味を捨象した情報工学／情報科学における情報として位置づけられる。

「機械情報」は、主にわれわれが日常生活で使う「社会情報」から意味をとりあえずそぎ落として、コンピュータなどで機械処理、編集され、通信回線によって伝送される一種の記号として機能する。「社会情報」は記号表現（シニフィアン）と意味内容（シニフィエ）を記号として有しているが、「機械情報」は意味内容が後退し、記号表現のみが観察されるメディアとなり、固定化された記号のように振る舞う情報である。それゆえ、ＩＴの操作対象としての情報として位置づけられる。ちなみに「機械情報」のはじまりは文字であると西垣は指摘している。

これら三つの情報は、まったく異なる情報概念というわけではない。三者は密接に結びつき、その原基的情報として、「生命情報」が存在する。しかし、人間社会においては、意味解釈のズレが最小化していくこと、あるいはコミュニケーションの効率化を求めた結果、機械的に扱える「機械情報」が出現し、幅をきかせるようになったのである。(6)

この「機械情報」が、情報不変論において想定される情報観と重なっているのである。そして、これこそ、われわれが情報という言葉を発するときに想定する情報観である。情報という言葉を使うとき、われわれは世界が客観的に存在しているとの暗黙の前提に立ってしまう。つまり、われわれは世界を情報とみなし、不変的な存在として位置づけているのである。特に、コンピュータが情報をデジタル化し、「機械情報」化することによって、「社会情報」を定式化し、翻って、それらが社会のあり方を進め、社会像が定式化される循環構造がつくられてしまう。このような現状は、情報とともに世界をも不変なものとみなす一般的信念を補強するだろう。

西垣が批判するのは、このような不変としての世界認識や情報理解である。「生命情報」も「社会情報」も、人間が生きる世界の意味や価値とかかわる情報である。記号という点では、意味内容が重要な構成となっている情報である。意味内容をもつとは、意味が多様であることにつながる。

例えば、「正義」という言葉は、人によってその意味内容が異なっている。同じ「正義」は厳密にはありえない。それは、「木の葉」に同じ「木の葉」がないのと同様である（一四八頁）。ある人物にとって「正義」ではあるが、ちがう人物にとっては「正義」ではない。そういう事態は当然ありうる。それでもなおかつ、「正義」という言葉を共有することによって、「正義とは何か」について対話することができる。とすると、「正義」という言葉は、「正義とは何であるのか」という問いを内包する言葉である。この問いを捨象すると、「正義」は「機械情報」化することになる。つまり、対話する必要がなくなる。このとき、「正義」には一定の意味内容が固定され、われわれの前に現れてくることになる。つまり、情報の意味内容の固定は、一種の権力作用に他ならないのである。

西垣自身も、情報の権力作用を指摘している。西垣は官僚制を支える定型的な「社会情報」が

ITによって「機械情報」として機能し、このような「機械情報」化がわれわれの日常的な情報までも「機械情報」化する循環的な関係となっている事態を危惧している。そこでは、意味の多様性が捨象され、日常生活が短絡化してしまう可能性がある。

そのような短絡化の一例として、官僚制の問題を取り出し、「機械情報」化の内実を即座に理解するのは難いかもしれないが、出産ビデオを観た男子学生の姿を想定すれば、イメージしやすいはずである。じつは養老のいう「脳化社会」とは、このような社会の情報化や都市化を背景とした人間が、本来的に変化する存在であるにもかかわらず、自我の確立に取り組み、人間を変わらない存在として仕上げてしまうことを示す概念であった。

西垣は以上のような立場から、「機械情報」化する情報観によって成立している世界観を批判し、彼のいう「生命情報」中心の世界観へ転回する必要性を説く。この転回が情報学的転回の重要な一面である。

養老が情報不変論によって個人が不変であるとみなす世界観を批判したように、西垣はその向かうベクトルは異なっているが、世界のあらゆる事象の意味内容が不変であるとみなす世界観を危惧しているのである。とすれば、養老の情報不変論は情報の受け手が変化することを本来主張する議論であり、情報の意味内容が原理的には不変ではないとする西垣の議論も、情報の受け手の自由な解釈や誤解の余地を指摘している以上、その主張の趣旨はかなり重なり合っているのである。

情報が思想伝達の手段、道具、つまり「小包」であるとすれば、「小包」をひも解けば、みなにとって同様の意味内容となるが、情報化以前に意味内容や思想が先に存在するわけではない。ただ「機械情報」の場合、情報自体にすでに組み込まれているような振る舞いに見えるだけである。また、受け手が「小包」を受け取るだけならば、意味内容の多様性、つまり自由な解釈や誤解はありえないのである。

養老は変わらない人間と日々変わっていく情報という通俗的な理解をひっくり返すために情報不変論というレトリックを使い、この通俗的理解が現実とは正反対であることを見事に指摘している。それに対して、西垣の場合、基礎情報学という立場から精緻な情報概念とその理解をもとに、養老の情報理解に対して接近した結果、そのレトリック部分を真正面から引き受けてしまったのではないだろうか。しかし、その実、両者の主張はこれまで議論してきたように、その重なり合いをこそ見いだしうるのである。

第三章　情報からメディアへ

一、万物は流転する

出産ビデオの事例では、女子学生はビデオ鑑賞をして、出産について考えたことを疑問や感想という形式で表明した。とすれば、その疑問や感想は女子学生が変化した証拠である。ビデオ鑑賞の前後で、彼女たちはちがう存在になっている。それと比較して、男子学生は安易な推量の姿勢で臨んでいたため、女子学生のように受け止め考えることもなく、疑問や感想を生み出すことができなかった。とすれば、彼らは少なくともこのビデオ鑑賞について何も生み出すことがなかったのであり、その前後で同じ存在のままであったことになる。

この事例を第一章のドゥルーズの流動の哲学に当てはめることができる。女子学生には出産ビデオが「不法侵入」したのである。人間は仮想と現実を行き来し重ね合わせ、既存の意味世界を乗り越える。女子学生が出産ビデオを鑑賞する前には、「現勢態」としての出産理解をしていた。鑑賞というメディア体験は、出産における「潜勢態」のある一つの可能性をもたらしたのである。

だが、男子学生は鑑賞以前の出産の「現勢態」に留まっている。

このように解釈すると、必然的に仮想と現実との間を行ったり来たりするのが人間の本質であるのだから、女子学生は人間の本質を創発したのであり、男子学生は人間の本質を創発し損ねたといえる。ここでの仮想とは、「潜勢態」が発現する可能性が内包されていたことを指している。とすれば、「機械情報」という「小包」として認識され、価値評価される情報が、「潜勢態」と親和的な情報概念とは言い難いことはわかりやすいだろう。

ここで、男子学生のあり方を同一性としてとらえることができる。養老は意識の働きが、人間を同一であると主張すると指摘している。つまり、本来すべての人間はちがう存在なのであり、それが実態であるはずなのに、意識がそのちがいを捨象してしまい、すべてのちがう人間を同一なるものとして認識するというのである。そして、その同一なるもの、変わらないものの典型として情報をあげているのは、これまで議論してきたとおりである。とすれば、この男子学生は意識の次元で情報化している。意識の次元で休止状態なのである。

もう一度、養老の情報不変論を見てみよう。変わらないものが情報である。話し言葉や書かれた文字も情報である。テープに記録されている話し言葉が変化しないのが、その端的な証である。

しかしそれを語った人間は同じ言葉をまったく同様に語ることが、二度とできない。人という生きたシステムは、ただひたすら変化するからである。まことに「万物は流転」する。「万物流転」という情報は不変だが、にもかかわらず万物は流転する。だからその言葉は残ったが、そう語ったヘラクレイトスは死に、もういない。(1)

この引用には二つほど確認したいことがある。

一つには、情報不変論を指摘する養老が、状況によって情報が同じ意味内容をもたないという認識をしている点である。「同じ言葉」である情報が「同様に語ることが、二度とできない」性格をもっているとの、情報の可変性を指摘しているのである。

この認識にユクスキュルのいう「環世界」を見てとることができる。生命体は独自の感覚器官や身体性、人間の場合はそれらに歴史性を組み込んだ独自の世界と相互作用する。この独自の世界が「環世界」である。ダニが生きる「環世界」と人間のそれとはちがうのである。すべての生物は異なる時間と空間を生きているわけである。(2)

そして、「環世界」は西垣のいう「生命情報」の器といっていい。人間には人間独自の「環世界」があり、それはおおよそ習慣として結実しているが、それらは人間の「生命情報」、あるいは習慣化された意味作用を基盤とする「社会情報」によって構成されている。

このように整理すれば、養老は情報に対して「機械情報」のような不変性を見るだけではなく、情報の意味の可変性を視野に組み込んでいるのである。繰り返すが、ゆえにレトリックなのである。情報は「環世界」との関係から位置づけ可能であるので、つまり、認識主体である人間が対象との関係性で見てとる概念である。

二つ目には、「万物流転」という世界観である。こちらこそ、養老が伝えるメッセージ、思想である。先に指摘したように、現代人は「私は私だ。変わらぬものだ」との思い込みのなかで生きているという。これが近代的自我の問題であると養老はいうのである。しかし、昔の人はそうは考えてはいなかった。「祇園精舎の鐘の声、諸行無常の響きあり」（『平家物語』）、「ゆく河の流れは絶えずして、しかももとの水にあらず」（『方丈記』）という日本の古典が表しているのは、人間がひたすら変わることであり、世界も変わっていくことの深い認識であった。

このような思想の古代的な表現として、ヘラクレイトスの永遠の流動の哲学がある。ヘラクレイトスは古代ギリシャの哲学者であり、紀元前五〇〇年頃活躍した。当時の哲学者が世界の始源・根元（アルケー）を考察したように、彼は火を世界の始源であると考えた。この始源は「永遠に生くる火」であり、この宇宙的火の一部が人間のなかで魂（プシューケー）となり、人間を突き動かすのである。すべてが「永遠に生くる火」というプシューケーによって流動している。これがヘラクレイトスの教説である。

「万物は流転する」というヘラクレイトスの言葉は実際は作者不明である。しかしながら、プラトンの対話編『テアイテトス』に「諸君は、同じ川に二度足を踏み入れることはできない。なぜなら新しい川水が、絶え間なく諸君に流れ寄せてくるからだ」「太陽はくる日ごとに新しい」とのヘラクレイトスの言葉が引かれている。このような変化が普遍的であるという思想は、「あ

ビデオで変わる図式

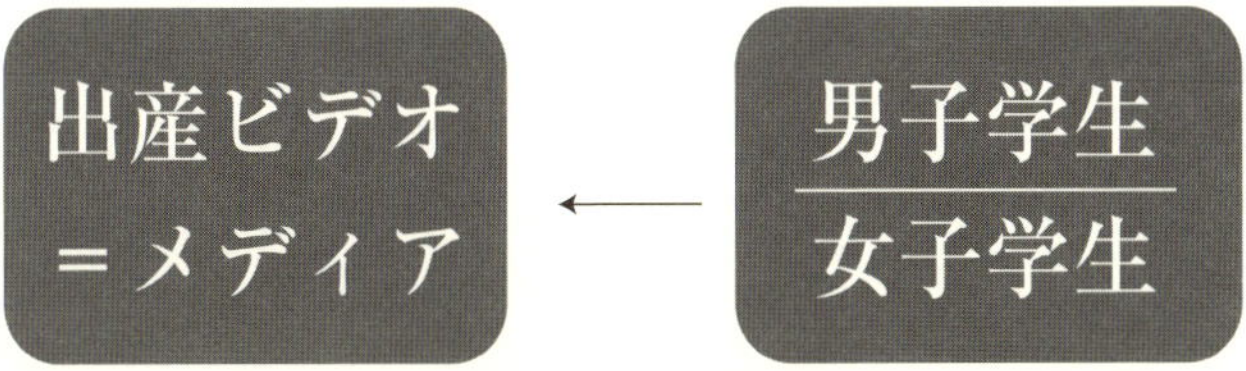

f（F）＝F＋a＝F’

f（M）＝M

f：出産ビデオを観る体験
F：女子学生
M：男子学生
a：新しい発見
F’：生まれ変わった女子学生

らゆるものは動いていて何ものも止まらない」「有るものはすべて行きつつあり、万物は何ものも止まらない」という川という個物を「有るもの」といった普遍に置き換えることによって表現されている。[3]

「万物流転」を人間に当てはめれば、人間は刻一刻と変わっているのである。朝目が覚めると、昨日とは異なる自分がいて、世界もちがって見える。そういう人間にとって、「何かを知って生まれ変わり続けている、そういう経験をした人間にとっては、死ぬということは特別な意味をもつものではない。現に、過去の自分は死んでいるのだから[4]」という死生観にさえ至るのである。

出産ビデオを鑑賞した女子学生は変化した。彼女たちは出産についての「何かを知って生まれ変わり続けている」。世界もちがって見えたはずである。「万物流転」が世界の本質である。とすれば、彼女たちは本質に適《かな》っている。

しかしながら、男子学生は出産について「何かを知って生まれ変わり続ける」ことはなかった。何かを知ることができなかったのである。その意味で、「万物流転」に反している。この事例においては、彼女たちは世界の本質に適った生き方をしているので、「よく生きること」ができた。倫理的であったということができる。それとは反対に、彼ら男子学生は「よく生きること」ができなかったということになる。

ただ少し、この見方は男子学生に酷《こく》な言い方だったかもしれない。ただ単にこれまでの慣習的なものの見方に留まっていたのは、この慣習こそ、人間の生きやすさを担保するために、努力して獲得された「環世界」でもあるからだ。男子学生も将来結婚して、自分の子供ができるとき、「不法侵入」が起こるということだってあるにちがいない。

二、情報概念の考察

養老は情報を変わらないものとしてとらえていたが、これまで議論してきたとおり、単に情報不変論に限定できない幅をもった情報観をもっている。では、情報は変わるものなのだろうか？ それとも、変わらないものなのだろうか？ その問いに答えるために、なぜ情報という概念を使うのか、あるいはそもそも情報とは何であるのかという問題について考察しておこう。

情報という概念が重視された契機の一つとして、情報化社会（information society）が進んだことがあげられる。情報化社会とは、情報が商品となる社会のことを意味している。それは土地や労働力ではなく、知識や情報が富を生み出すという考え方に支えられている。かつてベルは『脱工業社会の到来』（一九七五）において、工業化社会の次にくる社会では、モノではなく知識や情報が社会を先導する主要因であることを指摘した。そこで、ベルは情報商品や情報サービスにおける生産流通および分配の総量がＧＮＰ（国民総生産）の五〇％を超えた社会を情報化社会と呼んだ。日本でも一九六〇年代という早い時期から、梅棹忠夫が概括的にではあるが、情報化社会をマクロな社会変動として位置づけている。情報化社会論では、情報産業の労働力の拡大、情報テクノロジーの重要視、さらにこれらの動向が官僚制と結びつくことによって、社会のコミュニケーション状況に大きな変化を生み出したとする。(5)

このようなポスト産業社会論としての情報化社会のあり方は、情報産業の比重が高まり、経済的な側面を強調する文脈のなかで見いだされた議論であった。そこで、モノではなく情報こそが重要な経済成長の要であるとの認識が強調される。さらに、コンピュータなどの情報処理技術、通信衛星やネットワーク環境などの通信技術もまた情報産業であり、その発展が社会のなかで情報の地位をより高いものにしてきた。ただ、現代社会を単に情報技術が進歩した社会であると考え、情報化社会という意味合いで情報技術という言葉を使うこともある。このような情報概念はもっとも馴染み深いものである。

情報のこのような高い経済的、社会的な地位とは別に、情報が重要な概念であることが認識されるようになってもいる。それは唯物論的世界観の限界を情報概念が乗り越えるからである。つまり、哲学的、認識論的に情報概念を使わないかぎり、理解できない領域があることが浸透するようになってきているのだ。

偽薬（プラシーボ）という言葉をご存知だろうか。偽薬とは「うそ薬」のことである。例えば何か病気になり、医者から「よく効く薬です」といわれ、実際は砂糖のかたまりを飲んでも、病気が治ることがある。このときの砂糖のかたまりが偽薬である。これは単に人間が騙されやすいということを意味するわけではない。

偽薬が効くのは、人間の生、つまり人間の治療とか苦しみとかが精神過程の世界に属するってことの証だ。その世界では、観念や情報、さらにはその不在まで含めて、差異というものが物事の原因になる。(6)

この引用はダブルバインド理論で有名な思想家ベイトソンからのものである。ここで人間の生がモノではなく、観念や情報といった精神過程から成立していることが指摘されている。ちなみにベイトソンは病院自体が大きな偽薬システムであるとさえ言及している。

薬は当然モノであるとわれわれは考えている。とすれば、薬の効果が物質世界の現象であるから、少なくとも薬がもつ物質システムのある一部分が原因となり、人間の身体というもう一方の物質システムに作用を及ぼしたことになる。しかしながら、先にあげた砂糖のかたまりという物質システムは、人間の物質システムに効果を及ぼし、病気を治すわけではない。なぜなら、モノとしてただの砂糖にすぎないからである。

では、何が効果を及ぼしたのだろうか。それをベイトソンは情報というのである。砂糖のかたまりと病気になった人間の間になにがしかの関係性が存在している。このとき関係性の証が病気が治ったことである。つまり砂糖のかたまりを医者から「よく効く薬です」といって渡され飲んだことと、病気の人間との間に何らかの関係が存在して、はじめて第三の構成要素（受信体）が活性化される。つまり、病気が治る。なおかつそれは薬効ではない。とすれば、病気の人間はなにがしかに対して反応したことになる。このなにがしかを情報と呼ぶのである。

通常、医学では薬の効果は薬がもつ化学的要素によると考える。その意味で、薬はモノの効果であると考えられる。モノは化学記号や数字によって表現されるのである。しかし、このような唯物論では偽薬の効果は説明できない。ここに情報という考え方による世界認識の転回の一端が垣間見られる。

モノ中心、物質中心の世界観では、とらえきれない現象が事実としてあり、そこでモノではないなにがしかから構築される世界観が必要になる。量子力学や遺伝などはその典型であろう。

かつて物質中心の世界観では、言葉の意味がなんであるのかを考える必要はなかった。なぜなら、言葉とは当のモノを指し示す記号であると考えられたため、言葉は世界認識の道具にすぎないとみて、言葉とモノの関係を省みる必要はなかった。そこにソシュールが現れ、世界認識の中心が、モノから言葉へと変化した。これを言語論的転回というのはよく知られたことである。ここでは、言葉こそが、モノを現前させるための場を与えるもの、世界を与えるものというもっとも基底的な認識にたどりつくわけである。

情報という概念もまた、モノでは説明できない現象を説明する概念として、重要な考え方を含んでいる。情報の端的な定義は、ベイトソンにしたがうなら、「差異を生む差異 a difference which makes a difference」「差異の知らせ」である。例えば、土地と地図を取り上げると、土地に関するさまざまなちがい（差異）のなかから人間が選択し、その限定したものが地図に描かれ情報（差異）となる。この例からすると、情報（差異）は決して具体的なものである必要はなく抽象的なものである。また、情報（差異）は認識以前の存在ともいえるが、その認識が表現されるあり方は観察者によって変容することがある。これらの整理からすると、情報は決して固定的な性格とはいえず、動的な存在としてとらえられる。つまり、情報は時間的に、あるいは観察との関係性において変容するダイナミズムをもつ概念である。

なお、西垣はこのベイトソンの情報観を反省的にとらえ、ベイトソンの情報概念にかかわる心（精神）が一種のフィードバック機械のモデルのようであり、生命現象については不十分なところがあるとしている。そこで導きだされる情報定義は「それによって生物がパターンをつくり出すパターン」である。両者のちがいを強調する必要はないと思われるが、ベイトソンの方が機械論的な世界観に見えるのだろう。

では、「パターン」とは何だろうか。西垣自身、差異とパターンは同じ意味としてとらえていないとしている。しかし、「パターン」の方がよりわかりやすいように思われる。なぜなら差異を差異だけで取り出すことは認識として難しく、差異を生み出す「地」がなければ、差異を差異として認識し難いからである。より正確にいうなら、差異を生み出す「地」があるというよりも、差異の認識と同時に「地」が生み出されるのである。本来パターンは物理的な実体概念ではないが、パターンは差異よりも、それだけで取り出すことができる関係性をイメージしやすいのである。また西垣が指摘するように、パターンが「社会的な共通性や習慣性という面をいっそうはっきりあらわすからである」。「共通性や習慣性」に焦点を当てると、われわれの日常的な言葉の使い方からすると、差異では反対の意味を担ってしまう。

少し具体的に考えてみよう。人間の眼が眼という情報であるのは、眼には眼としてのパターンがあるからというのはわかりやすいであろう。どんな人間の眼も完全に同じものではありえない。眼が太いとか細い、あるいは大きいとか小さい、いろいろな色があるとか、それに濃淡があるとか、輝いているとか、美しいとか、要素として数えきれない印象のちがいなどを含めて、すべての眼はちがっている。しかしながら、それを眼として認識可能なのは、個々具体的な眼がそれぞれちがうにもかかわらず、それらの眼には眼としての一定のパターンがあるからである。翻れば、このパターンを認識することができて、眼は眼として認識されるのである。

さらに人間だけではなく、動物や昆虫の眼にこのような認識方法を当てはめると、人間の眼と動物の眼、あるいは昆虫の眼は異なっているのに、そこに同じパターンを読み解いて、われわれは人間も動物も、さらに昆虫まで広げて、眼を眼として認識することができる。ときに眼ではない壁の模様を眼に似ていると認識するのは、眼のパターンをそこに読み解くからである。

このような認識のあり方をもとにすれば、眼を眼たらしめているのは眼という物質の性質であるというよりも、眼と鼻のちがい（差異）、眼と顔のちがい（差異）、眼と人間のちがい（差異）、あるいは眼と世界のちがい（差異）を背景として、眼が構成する一定のパターンや秩序になるだろう。つまり、眼そのものではなく、そうした眼そのものがもつ一定パターンが眼の〝眼性〟であり、それが情報なのである。

基本的にはベイトソンの定義に依拠するが、ここで情報概念をまとめてみよう。

〔1〕差異あるいはパターンの知らせである
〔2〕モノとは異なる水準で影響がある
〔3〕認識のあり方、あるいは意味が観察者のあり方に依存する

ここで〔2〕について補足しておく。情報はモノとは異なる水準に存在する関係的存在ではある。しかしながら、モノもまた情報としてみておく必要がある。じつは情報の比較的変化しにく

い部分をモノとして位置づけている。われわれはモノが情報を発信していると想定し、モノと情報をまったく異なる概念としているが、モノもまた情報の一形式と考えればいいのである。

先の情報不変論とは、情報の比較的変化しにくい部分に焦点を当て、なおかつ、われわれの日常的な情報観に適合した考えであったといっていい。さらに、情報はモノとは異なる存在ではあるが、言葉がもつ特性から、人々があまねく使うことになれば、それはあたかもモノのように振る舞うことになるのではないだろうか。

例えば、文字は空間的に固定された音声である。それゆえ、文字は固定され、変わらない言葉となる。西垣による「機械情報」のもとをたどれば文字であるとの指摘は、そのためである。なおかつ、音声としての話し言葉であっても、同様のモノ化は生じている。なぜなら、話し手と聞き手という対称的な関係があって、話し手が事物や表象など志向対象をなにがしか一定の形にまとめようとする。これが概念化であろう。それを声で媒介可能な聴覚記号に転化する。それを聞き手に向かって投げ出す。聞き手は話し手と反対のプロセスを通じて、声を媒介にした話し手の志向対象が何であったのかを理解する。この概念化作用から言葉を発するプロセスにおいて、志向対象は「物事」と化す。そこに固定された形式としての言葉を見いだすことは可能だろう。

三、物質的基盤としてのメディア

以上、養老の情報不変論をきっかけに情報が意味する内容に関する議論を行ってきた。こう見ると、情報というのは世界をとらえるうえで最重要概念ではあるが、それだけ世界の複雑多様な、あるいは矛盾したあり方をとらえようとする概念だけあって、少々厄介で神出鬼没な存在なのである。

さらに情報が小包のように伝達されてくるといった情報不変論は、われわれの志向対象をモノ化している。つまり情報が固定化されたものだというフィクションを強化する。そして、それによって社会が成立している。しかし、原理的に、特に生物において、あるいはより人間において、情報は世界と関係することで出現する。

ここで、「情報は変わらない」という養老の指摘が原理的には不正確であることが理解されるであろう。さらに西垣の基礎情報学における情報概念がより正しい定義、認識になっていることが理解できると思う。

それでも、養老の「情報は変わらない」というレトリックによって表現されている意味内容には、現代社会に生きるわれわれが傾聴すべきものがある。

ここで、「情報は変わらない」というレトリックを言い換えてみよう。

「メディアは変わらない」と。

なぜ、このように言い換えるのか。それは情報よりメディアの方がモノとしての性格が強いからである。第二章冒頭の北里大学学生の事例は、出産ビデオの鑑賞であった。そこで出産の情報に接したのであるが、出産ビデオというメディアに接したという言い方にしてもなんら問題はないだろうし、モノ化されたビデオ映像というスクリーンと接したのである。情報は環境が生物に与えるなにがしかである。種としての生物であれば、環世界が安定した構造をもつため与えられる情報の意味の揺れは小さい。しかし人間の場合、慣習など規範化作用でさえ、その安定性は他の生物ほどではなく、なおかつ個人の姿勢や態度によって環世界から与えられる意味にはちがいが生じる。しかし同じメディアを見ていた、あるいは接していたという認識に問題はないはずである。(7)

これまで議論してきたとおり、情報は世界を知覚する生物が志向対象と取り結ぶ関係である。そのため、時間の変化によって、あるいは生きる場所(空間)のちがいによって、意味にはちがいが生じる。しかし、メディアは確かにモノとしての劣化はあるにしても、時間や場所に関係なく、そのままメディアである。

ここで、メディアを位置づけておこう。

メディアはいうまでもなくmediumの複数形mediaを日本語で引き受けた言葉である。Medは語源的には、ものの間とか中間という意味である。それは古くは、神と人間の間にある存在、巫女や霊媒を指示する言葉であった。それが転じ、ものの間にあるもの、両者を媒介するものという意味を担うようになった。日本語としてもっとも典型的な言葉が媒体であろう。それゆえ、メディアを「マス・メディア」とみなす感覚が醸成されたのではないだろうか。

このように複数の存在をつなぎ合わせているという感覚は、メディアを道具や手段とみなす感覚とつながっている。言葉は私の考えたことを伝える道具であるとみなす言語道具説は、その典型である。そこで、メディアはメッセージや内容を伝達する道具であり手段であると信じられるようになる。しかし、そこには短絡的な理解がある。言葉も他のメディアも、メッセージを伝達する単なる手段でもなければ、道具でもない。

そもそも言葉を発するとき、考えた内容が頭のなかで決定した後に、言葉を発するわけではない。むしろ、伝達内容がつくられるとき、言葉はその内容に先行する社会的コミュニケーションの前提である。言葉は何かを名指すのではない。その何かが現前するための場を与えるものなのである。メディアはメッセージの伝達に仕えるというより、メッセージをつくる場なのである。これについては後述する（第一四章一節）。

精神活動を通じて表現されたものを人間が相互に共有しようとするのが、社会的コミュニケーションである。そのとき、情報とメディアは結びつきながら存在しているが、情報が物質ではなくても理解可能な概念であるのと異なって、メディアは必ず物質的基盤をもっている。正確にいえば、メディアはコミュニケーションの物質的基盤である。例えば、話し言葉であっても、空気とその人物が物質的基盤となっている。

中野収によれば、メディアとは「意味を貯蔵しているもの、人間との意味的相互作用を媒介するもの、人間における意味産出・増殖作用をうながす」物質的基盤なのであり、「森羅万象がこの意味送出の仕組みと見なされる」のである(8)。

先に取り上げた偽薬においても、砂糖のかたまりという物質的基盤が必要であったのだ。砂糖のかたまりがメディアとして機能していたと考えることができる。このようなメディアの位置づけは、モノ自体がなにがしかの意味作用とかかわっていれば、すなわちメディアであるとの認識であり、通常のメディア観からは逸脱するかもしれない。しかし、この「モノみなメディア」という考えは、マクルーハンのメディア観とも重なる。マクルーハンについても後述する（第一四章一節）。

このようなコミュニケーションの物質的基盤をメディアと考えれば、養老の「情報は変わらない」は「メディアは変わらない」と置き換えた方が、わかりやすいのではないだろうか。もちろん、情報が「小包」のようにモノ化して見られること、またそのような見方を加速させるＩＴの発達にともなう情報の「機械情報」化に対して、養老の言説が直感的な訴求力をもっていることも確認しておきたい。

第四章　メディア倫理学のはじまり（一）――原子論的世界観から

一、古代ギリシャの物質観

われわれは世界をモノと見たり、さらにモノを測るのに数学的、量的に把握することに慣れている。デカルトやガリレイの思想を思いだすまでもなく、近代はまさに世界を数学的、幾何学的言語によって描写できるとしてきた。あるいはモノの形と位置、さらにそれらの時間的変化によって世界の客観的描写が可能であるとの信念に貫かれてきたのであった。ここに近代科学における物質概念が登場する。このモノは色や匂いなど主観的な要素をいったん後退させ、形と運動によって理解される。このモノはその意味で生き生きとした性格を後退させる「死物」として映し出される。さらに、この近代的な物質概念の理解の方法を、生命にあふれる生き生きとした領域にまで適応するようになる。例えば、人間の心理を数量的に把握する方法を発達させるなど。もちろん、この近代的な方法には利点もある。それは人間の心理であってもである。

しかしながら、モノとしてとらえられている「物事」は数学的、量的な把握だけで、あるいは幾何学的、運動学的な法則だけで理解し尽くすことができるわけではない。近代科学的な物質観は、モノの生命にあふれる生き生きとした領域を捨象したがゆえに「死物」観を生み出すからである。

このようなモノ観は、近代社会において突出して人間の認識や世界のあり方を規定してきたが、近代社会の専売特許というわけではない。第三章では、情報概念からモノ観を相対化しておいたのであるが、それは古代ギリシャに遡ることができるし、おそらく人間の認識にとって回避不可能な世界観でもあったのではないだろうか。

古代ギリシャの哲学を見れば、このようなモノ観はピュタゴラス学派の「数」の哲学やデモクリトスのアトミズム（原子論）に辿り着くことになる。ここではまず、この二つの哲学を考察する前に、そもそも古代ギリシャ哲学について取り上げることからはじめよう。そうすることで、プラトンへと連なるギリシャ哲学とこの二つの哲学、特にアトミズムとの間にあるズレを確認することができ、後者が現代社会で優勢な様が多少なりとも浮き彫りになると思われるからである。

紀元前六世紀、ギリシャのポリス（都市国家）の一つミレトスに哲学ははじまったとされる。タレス（前六二四頃〜五四六頃）、アナクシマンドロス（前六一〇頃〜五四〇頃）、アナクシメネス（前五八五頃〜五二五頃）がそのはじめとされるが、彼ら以前のホメロスやヘシオドスのように神々の物語を語るのではなく、思考によって万物の根元（アルケー）の追究を行った。彼らが導きだした自然観や世界観がその後の西洋世界の学問的下敷きになっていく。

彼らが出現する以前、世界はオリンポスの神々に支配されていると理解されるものであった。この神々の感情や行為が世界を決定づけるのであり、ときに神の気まぐれや怒りによって生じる出来事に、人々はさらされながら生きるしかなかった。よって、人々は神の機嫌を損ねぬよう、船出するときには海を司る神ポセイドーンに生け贄を捧げるなど、神々の意向に沿い祭儀を執り行った。

このような呪術的世界で生きる人々が、「万物は水である」などとして、世界の根本的な実体を考え、そのような考えを文化の基底とすることは、パラダイムが根本的に変わったことを意味している。神々の恣意に絶えず応えようとするのではなく、生成変化する世界を理解しようとして、根元（アルケー）から理解を試みようとすることは、人間自身がその理性を用いて世界理解をしようとすることを意味する。人間が主体的に世界を理解しようとし、理解の対象を神々の恣意から自然へと転換したのである。ここに哲学は自然哲学の様相を帯びて成立する。自然を理性で探求しようとしたのである。

万物の根元を追究する古代ギリシャ哲学は、世界のなかに存在する多種多様な事物が無秩序につながっているのではなく、唯一の、単純な、不滅の実体の変容として生成変化すると考える。タレスはそのような実体を水であるとし、アナクシマンドロスはアペイロン（規定できないもの）、アナクシメネスは空気であるとした。彼らが語った言葉はわずかしか伝わっていないが、哲学者・藤沢令夫によれば、「空気であるところのわれわれのプシューケー（生命・魂）がわれわれを統括しているのと同じように、宇宙全体を気息と空気が包括している（アナクシメネス断片一五）」とのアナクシメネスの言葉にその自然観や世界観が集約されているという。

アナクシメネスは根元（アルケー）を空気であるとして、空気がわれわれ個々の人間を支配している、あるいは統括しており、同様、自然も宇宙全体も空気により統括されていると位置づけている。ここに見られる自然観や世界観は、先のモノや「死物」とは異なる本質をもっている。つまり、個々の人間が息をして生きているように、自然や宇宙も呼吸している。自然も宇宙も人間と同様生きているのである。「死物」ではないのである。

アナクシメネスは空気を実体として位置づけ、火は空気が希薄化したもの、空気が凝集すると水となり、さらに凝集して土となり、ついには石になるとする。この火、空気、水、石、土という異なる物質観のちがいを凝集の差によって説明している点は、これらを量的に還元可能な物質のように思わせるところがある。しかしながら、どの水準の物質であっても、気息（プネウマ）、あるいは空気というプシューケーなる生命をその本質として有している。あくまで生きているとしかいいようのない認識になっている。

このようなアナクシメネスの哲学は思弁的であり、科学的推論と理解すべきことのように思われるし、一見近代的な物質観と重なっていると考えてしまいそうになる。しかし、近代的物質観とは異なり、どのような水準の物質でも、繰り返すが、プシューケーとして彼らが理解していた生命を有している。ここに生命と物質という区別はなく、両者は未分離一体なのである。「死物」

古代ギリシャ哲学	根源（アルケー）
タレス（哲学の祖）	アルケーは水
アナクシマンドロス	アルケーはアペイロン（規定できないもの）
アナクシメネス	アルケーは空気
ヘラクレイトス	アルケーは火
エンペドクレス	4元素（土、空気、火、水）
デモクリトス	原子（アトム）
ピュタゴラス	数字

プシューケー的性格

に還元しきることのできない自然哲学がここにある。

このような自然哲学を整理すると、「自然万有の根元（アルケー）はプシューケーであるという考えを保持しながらも、それの〝物質的〟な現れ、つまりアナクシメネスがそれを空気と言い、タレスがその前に水と言ったような、今日われわれが『物質』と呼んでいる位相をどういう形で特定すれば一番理（ロゴス）に適うかということを、徹底的に追究していった(1)」世界理解の試みであったわけである。

アナクシメネスの自然哲学は、あくまで世界の根元（アルケー）をプシューケーとするのであるが、と同時に、空気といういわば目に見える〝物質〟と目に見えないプシューケーという二つの区別を招き入れているともいえる。この〝物質〟は感覚されるものであり、プシューケーは思惟されるだけの存在としての区別になる。この区別をピュタゴラス学派が数学において導入する。つまり、一、二、三と数えられるものは目に見えるが、数そのものは目にみえない思惟されるだけのものという区別である。

ピュタゴラスは論証的で演繹的な哲学を展開する。その要が数学であった。数学的な思考を哲学的な論理として定式化したのはアリストテレスの形式論理学であるが、ピュタゴラスはすでに形式論理学の重要な理論である背理法を利用していた。背理法は数学的思考ではあるが、同時にギリシャの討論術として重要な位置を占める方法でもあった。

ピュタゴラスにとって、数学的知識は実在の世界に適応可能であるだけでなく、その知識は観察という目に見えるものを頼りにする必要のない、思惟だけで獲得できる知である。そのため、日常的な感覚において到達不可能な理想を提供してくれる。感覚の世界には誤謬がある。それゆえ、思惟の対象であり、その具体的な現れである数学や幾何学は感覚的知覚の対象より実在的なのである。(2)

ミレトス学派が世界の根元（アルケー）を希求していく先に、換言すれば、水や空気、あるいはアペイロン（規定できないもの）の先にピュタゴラスは数という根元（アルケー）を見いだす。その意味で、数学的、幾何学的に世界を描写しようとする人間の思考形式は、近代的な特徴であるだけではなく、かなり普遍的な思考形式でもある。もちろん両者を単に同一の思考とみなすわけにはいかないが。そして、このような問いの先に現れたのが、デモクリトスの原子論（アトミズム）である。

二、原子論的自然観

イオニア人であるヘラクレイトスは、ミレトス学派のような科学的伝統を構築する哲学者ではなく、神秘主義的人物であった。しかし、世界の根元（アルケー）、基底的な実体から世界を説明しようとする点では、先人と同一の志向性を有していた。彼は火を根元とみなし、それから他のすべてのものが生成すると考えた。火が変換され、第一に海ができ、その半分は大地となり、その半分は渦流であり、世界は永遠の変化である。このような永遠の流動説「万物は流転する」を説いている。ヘラクレイトスの後にはエンペドクレスが現れ、土、空気、火、水という四元素から、世界理解を行う。これまでの諸説を妥協案のように組み合わせたものではあるが、アナクシメネスやピュタゴラスの自然哲学のような科学的志向性は後退している。

紀元前五世紀末頃、デモクリトスが自然哲学を古代原子論として導きだす。彼はソクラテスやプラトンと同時代人でもあったが、近代科学のそれと著しく似た自然哲学を展開した。彼の少し前、紀元前五世紀前半に登場したパルメニデスの自然哲学は、唯一の真なる存在は無限で分割不可能なもの、すなわち「一なるもの」とした。このパルメニデスの一元論とエンペドクレスの多元論的自然哲学の宥和として、デモクリトスの原子論が生まれる。この自然哲学の方向は、アナクシメネスでは保持されていたプシューケーが後退し、根元（アルケー）がモノ的な性格として前景化する。

デモクリトス、あるいは古代の原子論者たちは、モノをどこまでも分割していくと最後にどうなるのかという難問に対して取り組んだ。その結果、原子は感覚されるものとして存在するわけではないから、この二分法的な認識からすれば、思惟されるものではある。しかしながら、確かに思惟されるだけの存在のような位相を保持していないわけではないが、明らかにモノ的な位相として認識に訴える存在である。なぜなら、その分割の前提がモノであるから、いくら微小物体に辿り着いたとしても、そのあり方はモノの性格から逃れることはできない。

原子論においては、あらゆる事物は原子からつくられていると考える。原子は不滅の存在とされ、幾何学的にはそうではないが、物理的には分割不可能であり、原子と原子の間は空虚な空間によって満たされている。また、原子は無限の数や種類があるため、それらの相違が事物の相違として現れる。自然現象はこのような性質をもつ原子を構成要素として、それら原子が離合集散することによって成り立っていると考えられる。始源において、無限の虚空のなかで、諸原子はでたらめな運動を行っていた。でたらめな運動は、原子同士の衝突を生み、原子は群となり、渦流となる。この渦流の高次化が精神を生みだすと考えられた。ここでは、精神が機械論的な説明によって位置づけられている。その意味で、精神は原子論によって自然哲学的に説明されうるものになった。また、原子は形や大きさを有する実体であるが、色や味や温かさなどの感覚される性質をもってはいない。それら感覚的性質は、主観的表象にすぎないとして、実体としての地位から遠ざけられてしまう。

このような原子の性格は、藤沢によれば、「〈物〉の観念の純化であり、完成」と要約される。アナクシメネスの哲学で見てきたように、かつて自然万有は生きているとみなされていたが、原子論にいたって、その生命原理であったプシューケーそのものもまた原子によって構成されているると、哲学の基底が変化したのである。「物質と未区分一体的にとらえられていたプシューケーすなわち生命・魂は、ここにおいて、〈物〉の方に還元され」る。ついに「〈物〉としての構成要素の時間・空間内における配置と組み合わせと運動という図柄にもとづく自然観・世界観が整備された形で成立した」、これが原子論のもつ基底的論理であった。そして、この自然観・世界観とは近代自然科学が基本に据えた自然像と大いに重なるものである。

人間にとって、触れる、掴む、ぶつかるという物理的接触は生存にとって必要不可欠の意味を担っている。常に変化している世界を理解するのに、一端モノという形式に還元して理解することは不可避である。人間の脳を例にしてみると、人間の脳は約一四〇億個の神経細胞と、その一〇倍に及ぶグリア細胞から成り立ち、神経細胞から軸索という突起を伸ばし結合すべき物質を感知し結合することでシナプスとなるとの科学的説明が提示される。このような解説は脳の構造機能に関して、かなりの説得力をもつ。ここでは、モノを細密化し神経や神経由来の構成要素にもとづいて、モノとして原理的に説明しているのである。その結果、脳内の複雑なシナプスネットワークに原理的な手応えを感じて、説得的な説明を構成するのである。原子論とは徹底した細

密化の認識方法なのである。(3)

このような原子論を頂点とするモノを構成要素とする自然観・世界観は、「生物としての人間がもっている、生存と行動の直接的な有効化を求める本能が描き出す描像にほかならない」と考えられる。(4)原子論ではモノの単位として原子が、人間の脳の例では、モノの単位として神経やシナプスが観察され設定されたうえで、この理解にもとづき、ある状況を引き起こしている原因として位置づけることによって、有効な対処ができるのである。と同時に、モノ以外の心や精神、あるいは生命などによって表現される意味や価値が退いてしまうのである。

このようなモノを構成要素として、その時間空間の配置や運動による自然理解は、近代自然科学が基本に据えた自然観とほぼ重なるものである。われわれの眼前にあり感覚的にとらえられているモノや世界は、そのまま見えたとおりに存在しており、運動している。このようなことを自明なこととして、通常の自然科学は構築される。感覚的にとらえられているものを客観的に表すべく数字や数学が使われる。繰り返しではあるが、この認識は経験的な範囲でかなり信憑性をもっている。

しかしながら、このような自然科学の認識方法は素朴なのである。例えば、デカルトの方法的懐疑とは、このような感覚的、知覚的経験が実在していると保証することができないとの認識から導きだされている。デカルトによれば、感覚や知覚の対象は、私が見誤っているかもしれないし、じつは私は気がおかしくなっているかもしれない。あるいは夢ということもある。とすれば、その対象は実在しているとの保証を得ることはできない。私たちの感覚は私たちを欺くし、私たちの推論は誤るのである。そのうえで、「欺く」「誤る」、あるいはそれに「気づく」など、それらを考えていること。そこで、このように考えている私は、必然的に存在していなければならない。それゆえに、私はあるということになる。いわゆる、我思うゆえに我あり。このような認識からすれば、感覚的にとらえられたものを実在とするのは素朴な認識なのであり、絶対に疑いえない確実なものを認識の土台としようとする厳密な学としての哲学の基礎にはならないのである。

電子顕微鏡が発達し、またDNAの構造を理解可能なほど観察手段が発達し、なおかつこの観察によるモノの構造や運動を記述する数学やコンピュータ技術が発達したとしても、あるいは確かに世界を精緻に理解しているように見えようとも、そして、我々の日常的なリアリティに適合的で説得的であったとしても、さらにこれらによって自然現象が解明され科学が目覚ましく発達したとしても、結局、それらを組み合わせたとしても、完全な認識となるわけではない。ともすれば、かつて根元（アルケー）として世界の本質であったプシューケーは忘れ去られるか、少なくとも軽視されてしまう。つまり、世界が生きているということが忘却されてしまうのである。そもそも、現代人は世界が生きているといっても釈然としないだろう。しかしながら、第三章で取り上げた情報概念の内実（六〇頁）が、本質としてのプシューケーと重なり合っていると素直に理解可能である。かりにその場合、確かに西垣が指摘したように、ベイトソンの情報概念が機械的性格であり、生きているというわれわれの日常的実感から距離があるように感じられるのも仕方がないことでもある。

三、近代における科学と技術の癒着

これまで見てきたモノ観、あるいは原子論的な理解を起点とする自然観・世界観は「生物としての人間がもっている、生存と行動の直接的な有効化を求める本能が描き出す描像にほかならない」。このような見方は実際には、現代科学の進展のなかでは問題のある見方であることが知られている。よく取り上げられるように、原子のようなモノが世界の構成原理であるという見方自体、量子力学や相対性理論によって却下されている。しかしそれでもなお、われわれはこれまで見てきたモノ観、そこから生み出される世界観を人間の営為に重ね合わせ、その展開をさらに進めてきたわけである。というよりは、この世界観が自律運動してきたことになる。結果、生存と行動の直接的な有効化はわれわれの生活世界のなかに組み込まれ、人間営為の効率化、利便性や快適さの追求へと突き進んでいく。また、これらを計測するために経済的数値が利用され、それによってわれわれの幸福が推し量られるような錯綜した状況が常態化し、それこそ社会のなかで正当なモノの見方として恒久化してしまうのである。

と同時に、このモノ観から生じる世界観は、近代社会において科学主義を強い信仰とする。科学主義とは、「科学の進歩がそのまま人類の幸福を約束するという信仰のもとに、科学の対象である自然の物質・物体の局面こそが世界の真の姿である、と主張するイデオロギー」[5]のことである。例えば、ナイロンストッキングという工業製品をつくったデュポン社が五〇年以上にわたって、「化学をとおして、よりよい暮らしによりよいものを（Better Things for Better Life Through Chemistry）」とのキャッチフレーズを展開し続け、そのキャッチフレーズが受け入れられてきた社会的背景とは、端的に科学主義へのわれわれの信仰があるからだろう。もちろん、このような個別具体的な事例をもちだすまでもなく、われわれの生活周辺に配置されている家電製品から新幹線のような大規模な技術など、あらゆる〝モノたち〟が科学主義的な匂いを醸しだし、われわれに幸福を与えてくれているように見える。

このような科学主義は近代科学の方法論に支えられている。近代科学の方法論は専門主義であり、価値中立を装う。専門主義とは、自らが調べ上げられる責任ある領域を厳格に決め、その領域においての科学的知識の生産を行うことである。その意味で、その領域外にもたらせられる影響については、積極的にかかわりあう必要はないという立場になる。その結果、専門的に細分化されていき、他領域については門外漢となり、門外漢である立場を肯定する傾向をもつ。それゆえ、科学と人々の日常的な実践とのつながりについて、特に考慮することなく、客観的な立場を堅持しているとの価値中立的な立場をとるゆえに、科学技術の進歩に従事することが容易になったのである。もし、科学技術の利用による影響について真摯に考慮したならば、科学技術の進歩は非効率的なものとなり、進歩に足止めがなされたかもしれない。このようなイデオロギーは純粋科学を倫理とは無関係なものとして、科学者は何の制約もなく自由な研究活動がなされるべきであるというリベラリズムとしてわれわれの価値規範と重なるように見える。

そして、このような科学主義と純粋科学のリベラリズムは、科学技術のさらなる進歩をもたらす。しかしながら、その進歩の方向は古代の原子論とも重なり、着目されたモノを構成要素として、その自然やモノを対象化し、それらを改変する可能性を追求することを自律化する。もちろん、これらモノを構成要素として、それらを組み合わせることによる新たな人工物をつくるような方向に向かわせることになる。これらの機制が多くの進化した工業製品を造り、臓器移植や遺伝子操作などを生み出していくのである。

先に言及したとおり、このモノ的世界観、そしてその現代的現れでありその先鋭化でもある科学技術とは、生物としての人間の一面である生存と行動の直接的な有効化に見事なまでに適合的なのである。それゆえ、それに資する科学技術はより社会のなかで重要なものとして扱われ、より追求されるような本性をもっているともいえる。例えば医療について言及するならば、科学技術としての医療技術の発展は人類を苦しめてきたいくつもの疾病を押さえ込むことに成功している。かつて日本人の死因として最大の問題であった結核は、いまでも死因となる病気ではあるが、十分な治療方法が確立されており、リスクは非常に低いものとなっている。このような成果は、科学技術による人間の生存そのものに直接的に効果を上げた事実である。

しかしながら、断るまでもないのだが、これらの科学的成果が環境問題をつくり、解決困難な倫理的課題をわれわれに突き付けているのも現実である。科学技術による人工物の大量生産、化石燃料による膨大なエネルギー消費、つまり大量生産に大量消費、それらに付随し見逃しがちであった自然の大量収奪、そして消費しきれないものの大量廃棄、これらを積み重ねてきたのであり、環境破壊は必然でもある。あるいは医療にしても、延命治療の発達が、脳死や植物状態など最低限度の生物的な過程を維持することを可能にし、人間をただ生かしておくことが可能になったことによって生じる、「生きるとは何か」という人間の根源を問わざるをえない倫理的な課題に直面させてきた。

本書で対象としているメディアもまた科学技術の産物であり、これまで言及してきた生存と行動の直接的な有効化という人間の本性の一部に従属した効果を発揮している。特にメディアは人間の意識やコミュニケーションに関わる科学技術であるから、マクルーハンいうところのメディアによるグローバル化（インターネットの発達はその反対のベクトルであるローカル化やオタク化をも推進している）、身体化されるメディアによる人間性の拡張といった問題系を、これら有効化という水準で組み込んでいると考えられる。付言すれば、これらすべてが産業、市場、金融が一体となった経済というシステム、またわれわれが抱く夢や理想、豊かさという近代的価値意識と共犯関係を結びながら自律運動しているとも思われる。

ここで科学技術それ自体を、ただただ否定しようということではない。科学技術がもたらす成果はそれ自体で一つの価値を構成しているのであり、たんなる否定は理念的にも意味のないことだと思われる。ただ、科学主義や価値自由（あるいは没価値）をうたう科学の姿勢については立ち止まり、科学技術と人間を含む自然との関係をよく見極め、それら全体像を俯瞰した地点から根源的な批判をしていく必要がある。そうしなければ、現代の科学それ自体を相対化し、われわれの生との関連づけに失敗してしまうことになる。

このように考えてくると、古代ギリシャの哲学の中心にあったプシューケーなる考えの意義が見えてくる。自然万物の根元（アルケー）には、モノに還元不可能なプシューケーがあること、また生命と物質という区別自体は本来なく、両者は未分離一体のものであるという認識である。これは前章で議論したベイトソンの情報概念がモノとしてはとらえられないことと通底している。そして、モノを世界認識の基底とすることから生み出される自然観・世界観と闘い、プシューケーを手放すことなく、その自然観・世界観を体系化したのがプラトンであった。

第五章　メディア倫理学のはじまり（二）――プラトン哲学から

一、「よく生きること」と「幸せ」観

前章の最後で、プラトンがプシューケーを手放すことがなかったと指摘した。その端的な表現がプラトン著『ソクラテスの弁明』のなかにある。ソクラテスは自らを裁く法廷において、アテネ市民に以下のように訴える。

金や評判・名誉のことばかりに汲々としていて、恥ずかしくないのか。知と真実のことには、そして魂をできるだけすぐれたものにすることには無関心で、心を向けようとはしないのか？

ソクラテスは金や評判・名誉に支配される人々の日常生活を痛烈に批判した。現代のわれわれに訴えてもいるようである。もちろん、この「魂」がプシューケーのことである。

プラトンの別の対話編『クリトン』のなかでは、

生きることでなく、よく生きることをこそ、何よりも大切にしなければならない。

というのである。もちろん、これらの言葉はソクラテスの言葉であって、プラトンはそれを書き記したにすぎない。しかしながら、これらの言葉こそ、ソクラテスの哲学の核であり、そしてそのソクラテスが対話する場面を描き出し、自らの哲学を表現したプラトンの哲学の核である。このソクラテスの言葉こそが「知と真実」を哲学するプラトンのイデア論になったのであり、そして「魂」、つまりプシューケーが宇宙全体の原理として見いだされる哲学になっていくのである。(1)

ソクラテスにとって、人間にもっとも大切なことは「人はいかに生きるべきか」との問いにある。そして、その端的な答えが、この二つの引用である。つまり、「よく生きること」が人間にとってもっとも重要なことであり、それは表現を変えれば、「魂をできるだけすぐれたものにすること」にある。そしてこれは直裁に倫理であり、善の探求である。プラトンの著作のなかで、ここに引用した言葉はどのような場所であっても「魂」のように息づき、全編を貫く精神である。

ソクラテスは「よく生きること」の内実を理解しようとして、ソクラテス以前の自然哲学や同時代の知者から学ぼうとするが、その結果は失望に終わる。前章で見てきたとおり、自然哲学ではプシューケーが後退しているのであり、必然的に「よく生きること」の答えはないと自覚するにいたる。同時代の知者もそれまでの自然哲学と同様の世界の根元（アルケー）について語るのであり、善と悪を知ることとは距離があった。根元（アルケー）のモノ的な性格は、確かにそれらが存在しなければ、われわれ人間が判断することができない必要条件ではある。デモクリトスの原子論が典型的であったように、これら自然哲学は万物の根元（アルケー）とその運動から世界を機械論的に理解しようとする営みであって、「よく生きること」という善悪の判断とはその論理的水準が異なっているとしかいいようがないのである。

ところで、ソクラテスは「人は誰でも幸せであることを願っている」ともしばしば語っている。ただ、「幸せ」は「よく生きること」に直通する言葉であり、現代社会で生きるわれわれが想像するような「幸せ」観とは異なっている。[2]つまり、現代のわれわれが想定する物質的な富の増大を「幸せ」とする幸福の思想とは、その本質において異なっているのである。

物質的な富を幸福とする考えが生まれたのは、フランス革命（一七八九年）直後である。そもそも幸福自体を問うというエートス自体が希薄であったのであり、それ以前は宗教上の祝福が求められたのが実態であった。つまり、神様が善しとする状態のことである。現代的な「幸せ」観は、人間の欲望の拡大、それらの充足による消費の拡大にある。当然この動向は、資本主義システムの拡大であり、ときに自然なサイクルを切断することによって、そこに人工的なものを補塡し、その人工物が経済の循環のなかで自明な存在に化けることになる。結果、人工物を生産する経済的利益の拡大が必然化し、そのシステムの自律運動のなかで、経済は発展するという性格をもっている。よって、近代社会は大量生産、大量消費を肯定する経済成長優先のプログラムとなり、このプログラムは最大多数の最大幸福を追求する功利主義を推進する。

そして、これらは数量化されて、われわれの目の前に現れることになる。国家を基軸とするとき、それは国内総生産（GDP）として現れ、その数値が幸福の度合いとして位置づけられるのであり、個人や家族単位であれば、生活水準や所得として示される。つまり、現代的な「幸せ」観は物質的な生活条件、モノの充足、そしてそれらは統計数値などで表現される商品化された財とサービスに還元され、理解されるものとなってしまう。

と同時に、先進諸国の物質的水準が高騰すれば、実際の「幸せ」観が低下するという皮肉な事態を生んでもいる。[3]そのためか、英国環境保護団体の地球幸福度指数やブータンで行われてきた国民総幸福量（Gross National Happiness、GNH）が注目されたりもしている。GNHは、心理的幸福・健康・教育・文化・環境・コミュニティ・よい統治・生活水準・自分の時間の使い方の九要素からなり、幸福の鍵を人々の感情的・精神的な成長に見いだす。その視点は、先進国の経済成長が社会問題や個人のストレスの増大をつくり出していることを観察するところから発している。ここにはモノ的な世界観を批判し、そのうえで、全人的な「幸せ」観を見いだそうというプロジェクトがある。もちろん経済的豊かさを「幸せ」とする限定的な「幸せ」観に対して、少なからず批判的に「よく生きる」という倫理が投影されていると考えることは可能であろう。その意味で、GDPよりはGNHの方が、ソクラテス／プラトンのいう「よく生きること」、「魂をできるだけすぐれたものにする」ことに親和的である。そのうえで、「よく生きること」を数値化し理解しようとする自然哲学的エートスも組み込まれてもいる。

このようにGDPによって幸福を測る姿勢は、前章で議論してきた世界をモノと数字によって理解する世界観と重なる。繰り返しになるが、それは近代自然科学が基本に据えた自然像である「モノとしての構成要素の時間・空間における配置と組み合わせと運動」という図柄に基づく自然観・世界観が物質的な生活条件としての経済に拡大適応し、われわれがその思想を信憑しているからである。

もう少し、「幸せ」観について議論しよう。いま取り上げた「幸せ」観は、あくまで西洋由来、近代社会特有の世界観であり、その世界観を日本もまた殖産興業、富国強兵を目的とする近代化の過程において受容し、戦後の経済成長や世界二位のGDPを誇った経済大国化するなかで、日本人の内面を支配した世界観であったことはわかりやすい。しかしながら、そもそも「幸せ」は「happiness」の翻訳語であり、伝統的な日本社会において、「幸せ」を問うという意識自体が希薄であったのである。ましてや他人と比較して、自己の優位さを「幸せ」とする「勝ち組／負け組」などという意識は最近のものである。木田元によれば、日本には「仕合わせ（幸せ）」という言葉は使われてはいたが、「巡り合わせ」「天運」程度の意味であった。それゆえ、天災など不運に見舞われないようにという願いはあっても、「お天道様」が決めることに煩わされたり、他人より良い状態になろうというのを口に出すなどは、日本人の嗜《たしな》みとしては避けられたことであったという。「幸せ」を願うというより無事を願うのが、日本人の内なるエートスであった。(4) 物質的豊かさを「幸せ」とすることは、五穀豊穣を願う心性とは乖離があったというほかない。

このように「幸せ」観を反省的に振り返るだけで、そこにモノ化された世界観が反映されていることがわかる。そして、その価値観はソクラテス／プラトンがいう「よく生きること」という倫理とは乖離しているといわざるをえない。あらためて「よく生きること」、善とは何かについて、その意味を問いただす必要があることがわかる。繰り返しになるが、古代原子論が現れ、その考え方を継承した近代の自然科学は自然科学以外の領域にも適応されてきた。とすれば、自然万物の根元（アルケー）であるところのプシューケー、つまり生きているという本質が軽視されてしまうことにならざるをえない。自然が生きているように、人間もまた生きているのであり、「生きる自然」なのであり、プシューケーをその本質とする。この認識を忘却したときに、人間として「よく生きる」との倫理と呼応した全一的な知は綻びを必然とする。

「よく生きる」ということを手放さないこと、「よく生きる」という問いがいついかなるときもわれわれと相即不離であること、これがわれわれの自然の、そして生の本質であること。それこそがソクラテス／プラトンの哲学からわれわれが継承すべき知の原点である。とすれば、「よく生きる」という倫理の相即不離性は、われわれがメディアと共にあるとき、必ず問われていることなのである。美術館で絵画を見ているとき、テレビドラマにハマっているとき、ゲームばかりしているとき、スマホを授業中にいじっているとき、ＹｏｕＴｕｂｅに自らつくった映像を投稿しているとき、2チャンネルに書き込みしているとき、それは「よく生きること」なのかが問われているのである。ゆえにメディア倫理とは、われわれとメディアとの関係性において、「生きることではなく、よく生きることをこそ、何よりも大切にしなければならない」ことにあると定義される。

二、分類するアリストテレス

第四章三節において、現代の純粋科学と倫理の乖離について議論した。しかしながら、いま見てきたように、ソクラテス／プラトンにおいては知識と倫理は相即不離な関係性として理解されるものであった。この二つの認識、あるいはこの世界理解のちがいはどちらかを慣習的、無意識的に採用した場合、世界の見え方は大きくちがって見えてくる。おそらくは、ソクラテス／プラトン的な全一的知を意識しながらも、われわれ現代人であれば、世界の客観的記述が知識の真偽を決めるとの構えが紛れ込んでしまう。それはデカルト以来の主観と客観との二元論に対する客観的知識への信仰や、実証主義に対するさまざまな反論がなされているにしてもである。

しかし、科学者が純粋科学を主張し、その研究成果における倫理性を考慮する必要がないという没価値性を信仰し、その信仰をもって社会に影響を与えることについては、どうしても倫理が問われることになる。遺伝子操作の技術的進化を思いだしてもらえば、簡単にイメージできることであろう。ここで純粋科学を命題的な知識と置き換えることができる。

命題的な知識を論理的に位置づけ、論理学に昇華したのはアリストテレスだ。アリストテレスの論理学といえば、最初に思い浮かぶのは三段論法である。

・すべての人間は死すべきものである（大前提）
・ソクラテスは人間である（小前提）
・ゆえにソクラテスは死すべきものである（結論）

という演繹的推論を定式化した。ある命題（大前提）ともう一つの命題（小前提）における共通する部分から推論を働かせることによって、新たな命題（結論）を導くという思考の流れに明確な論理が存在するというものである。

この三段論法が重要な論理であることは確かであろう。しかしながら、アリストテレスは三段論法の前提的な論理について、つまり論理のなかの論理について定式化している。それを形式論理学という。ちなみに近代数学は形式論理学で成り立っている。ここには三つの論理が存在している。

・同一律　AはAである。
・矛盾律　（a）AはBである。（b）AはBでない。
　この二つの命題があるとき、（a）、（b）両方とも真であることはないし、両方偽であることもない。どちらか一方だけが真であり、もう一方は偽であるという論理である。
・排中律　（a）AはBである。（b）AはBでない。
　二つの命題は矛盾律と一緒である。矛盾律では一方が真で、もう一方が偽であることを論理として抽出したが、排中律では、（a）と（b）以外のことはないという論理を見いだすことにある。

西欧においては、この形式論理学的思考が身体に染み付いており、論理学や数学だけではなく、あらゆる領域にこの思考方法が適応されている。例えば、契約は契約であるから、成立しているか、成立していないかのどちらかであり、両者の中間地点はないとの論理を必然とする。形式論理は曖昧模糊とした認識を排除する。そのため、契約は明確な言葉で正確に表現される必要がある。(5)
アリストテレスは彼以前の哲学を総合し、体系的な哲学をつくりあげ、以降の西欧やイスラム世界を含めた世界の思考の基礎をつくりあげたといわれる。彼の著作自体が非常に組織だっており、さまざまな議論はテーマ別に整理されている。この体系化、細目化の基底にあるのが分類という営みである。形式論理学もまた、論理の分類による整理である。例えば、彼は『動物誌』『動物発生論』で動物の分類体系を行っているが、その分類学は今日から見ても高度なものであるという。(6)

そして、この分類による体系化は人間の活動にも適応される。アリストテレスは人間の活動を「観想」(観ること、理論、テオーリアー)、「行為」(為すこと、プラークシス)、「制作」(つくること、ポイエーシス)と分類している。そしてそれぞれに対応する知のあり方、学問を設定している。「観想」は形而上学・数学・自然学、「行為」は倫理学・政治学、「制作」は技術知である。人間にとって、「観想」が最高の活動であり、「行為」と「制作」は合わせて「実践」であるとの分類がなされる。そして、この「観想」こそが近代自然科学の母体となった自然学にあり、「行為」における倫理と「制作」における技術とは別の論理として位置づけられることになるわけである。もちろん、「実践」はわれわれ人間の「行為」が人間に対してどんな意味や価値があるのかが問われ、「技術知」はある技術を使用することによる人間や自然への影響を問うことになる。しかし、「観想」という概念がもつ論理は、人間にとっての意味や価値、あるいは自然への影響とは無関係に、知識それ自体を追究することを肯定することになる。そして、この人間活動の分類学は、われわれに意識的にも無意識的にも植え付けられることになる。

藤沢令夫の整理にしたがおう。

「観想」→世界・自然の必然的（客観的）な事実（is）の認識　→科学
「実践」→人間にとっての不確定的（主観的）な価値（ought）の判断　→倫理・技術(7)

このように科学と倫理は峻別され、科学は没価値的な知識、つまり客観的な事実の認識にあると信憑され、常識として共有されるようになる。アリストテレスの分類の哲学的方法論は、事実と価値を形式論理学的に相互排除的に区別し、その論理を自律運動させてしまうのである。もちろん、このありようこそ純粋科学であるし、「技術知」から「技術」の科学的側面を取り出し、科学によって囲い込んでしまえば、科学技術が成立する。

しかしながら、人間にとっての本来的な知識とは、事実と価値の「重ね合わせ」のなかで見いだされる全一的知である。世界がどのようにあるのかと、そこで生きている人間がどのように生きるべきなのかという知は、一体的に追究されるものとして本来的に存在しているのである。

三、言葉というメディア

科学と倫理の区別、事実と価値判断の区別、〝is〟と〝ought〟の区別、つまり人間の知の分断、これら一体の区別は、アリストテレスが分類し体系化するまで、哲学において意識されないものであった。世界がどのようにあるのかという知は、人間がいかに生きるべきかという知と一体的に追究されるべきものであったのだ。その意味で、この区別は便宜上の区別にすぎないのである。その便宜を本質や真理とすることには錯誤がある。純粋科学もまた便宜上の区別にすぎないものとの反省が必要であるし、全一的な知においては、科学の営み自体が倫理的であるのかどうか常に問われるべきものとしてあることになる。かりにこの便宜的区別にすぎない営みを遮二無二突き進めば必ず、「よく生きること」に抵触することは避けられないだろう。

プラトンの哲学から自然哲学的な部分を抽出し、その説明のあり方を見ると、デモクリトス的な原子論的世界観を見てとることができる。また、プラトン解釈においては、プラトンにいたってはじめて魂（プシューケー）と物質との区別がなされたとする見方が一般的でもある。確かにプラトンはプシューケーを、つまり「よく生きること」を手放さなかったが、しかしながら、同時に自然万有のあり方を追究するうえで、モノを構成要素として、その時間空間の配置や運動による自然理解を利用してもいる。つまり、プラトンもまたモノ的世界観の有効性と説得力を認め、そこから自然理解を展開することがある。

とはいえ、プラトンにおいては、原子論のように自然万有の根元（アレテー）を原子などモノにすることは、やはりないのである。あくまで宇宙全体に行き渡る生命と活力の根元はプシューケーである。それゆえ、モノ的な構成要素には補助的な位置づけを与え、モノ的世界観による説明に留まらない生命や意味、あるいは魂（プシューケー）を根底に据えるのである。

では、どうして原子論的な自然観や世界観が前景化するのであろうか。あるいは事実と価値が区別されるのだろうか。それは言葉で説明しようとする人間の営みとしての必然、運命なのではないだろうか。つまり、言葉とは何かを分け、何かに名前を付けることである。言葉は世界を分けるのであり、分類するのである。アリストテレスは分類の達人であったがゆえに、体系化した学問を構築完成させることができたのであった。と同時に、分類してしまったがゆえに、本来相即不離である事実と価値を異なるカテゴリーとして本質化してしまうような学問の方向性を決定づけてしまったということはなかっただろうか。

そもそもなにがしかの言葉を発すると、言葉は価値を生み出し、一人歩きしてしまう。例えば「オタク」はかつて負のイメージをともなう言葉であった。それは一九八九年、東京・埼玉連続幼女誘拐殺人事件を起こしたMの自室がオタク趣味のモノやビデオであふれていたことから生じたともいわれている。それゆえ、オタク趣味をもつものは「ヤバい奴」というレッテルを貼られていたものである。しかしながら、いま現在は「コミュニケーションが苦手な奴」という意味を引きずりながらも、オタク文化が経済発展の一因とみなされ、日本文化として海外でも多くの国々で愛好されていることから、負のイメージは軽減されただけではなく、「オタク」を肯定的に評価するようにもなっている。いまどき、「オタク」をただ「ヤバい奴」であると切って捨てるとしたら、その方が「ヤバい」かもしれない。このように言葉は不変であるが、ときとともにその意味内容が変化する。言葉の意味内容、つまり言霊をわれわれは〝信仰〟しているのだ。

モノを構成要素として、その時間空間の配置や運動による自然理解を原子という言葉にして取り出せば、原子という言葉がもつモノ的要素がその意味内容として言霊化する。とすると、ソシュールをもちだすまでもなく、事物の秩序は人間が言葉によって編み上げていくものであるから、世界から切り分けられ、取り出された原子という言葉の意味内容はモノを構成要素とする論理をその内実としていく。そして、その内実が自律することによって、その言葉の内実を価値として、人間はその論理のなかで思考し行動することになる。相即不離である事実と価値から一端事実だけを取り出してみれば、事実という言葉によって必然化する客観的事実や純粋科学なる価値の虜になるのである。それは言葉が事分けすることをその本質とすることの必然的な運動でもある。もちろん、分類は事分けし名付けを行う言葉と不可分である。これが言葉というメディアの原理なのである。

言葉はすでに存在するものを名指したり、はじめて見たものに名前を付けたり、あるいは人と人との間にあってコミュニケーションを媒介する道具であると通俗的には思われている。そのような理解の背景にある信念は、すでに客観的に存在する事物の秩序に、われわれが記号を利用して名前を付けているというものである。このとき利用する中心となる記号が言葉である。この認識はいわゆる実在論という考え方である。

ソシュールの言語学においては関係論であり、事物の秩序を人間が言葉によって編み上げたものにする見方が示された。そして、人間の記号活動のもっとも重要なものとしてラングという

ラングとパロールの関係

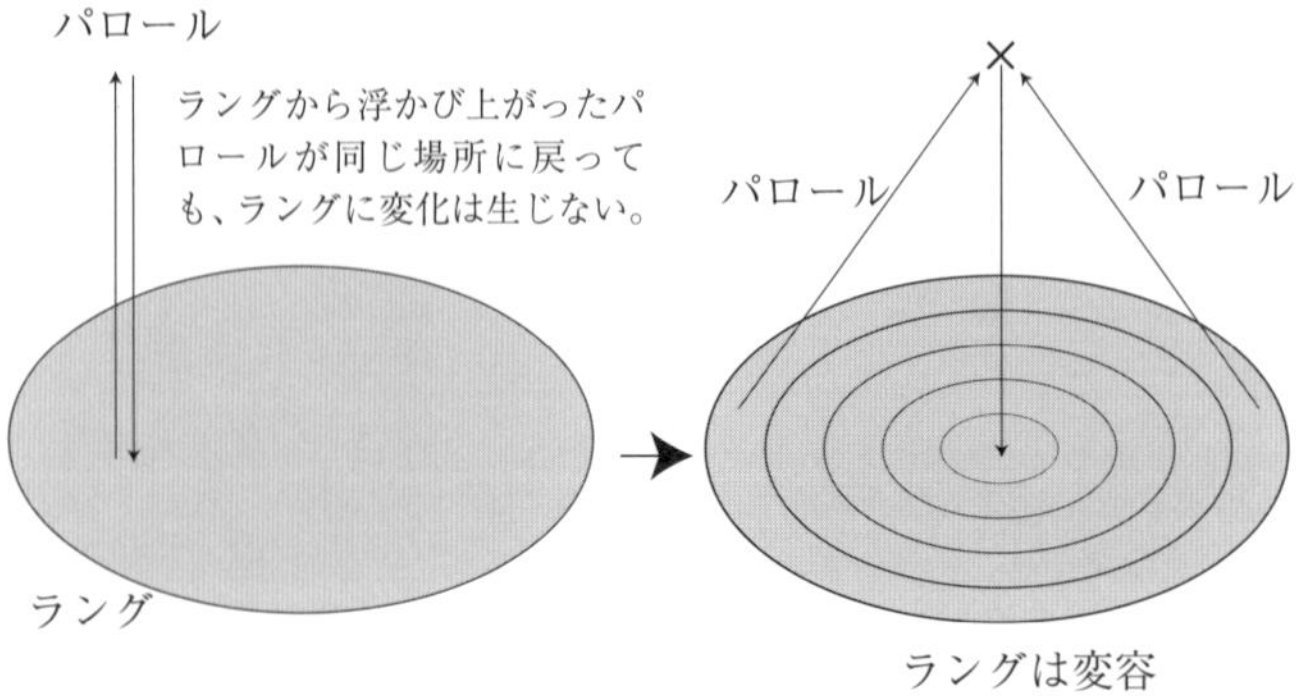
パロール
ラングから浮かび上がったパロールが同じ場所に戻っても、ラングに変化は生じない。
ラング
パロール
パロール
ラングは変容

概念を提示する。ラングは記号のシステムである。つまり言語の諸規則の体系を構築したものとして想定される。ただこの規則の体系は変化する。そのためラングは恣意的な差異の体系と位置づけられている。少し単純化するが、このラングをもとに、ラングにしたがって行われる具体的な行為（発話）をパロールという。そして、個々のパロールの実践はラングに依拠していながらも、そのラングの体系を乗り越え、つくり換えていく機能をもっている。さきの「オタク」という言葉の意味内容の変容は、このようなラングとパロールの関係から説明できるものであった。少し図式的な説明をすると、「オタク」というパロールは既存のラングから発話されたと想定できるが、そのパロールは具体的な社会状況や歴史状況において、それまで「オタク」に付与されていなかった意味内容を当の既存のラングから接合し、新たな様相を帯び、ラングに帰っていくのである。[8]

このような言葉のあり方を見てくると、言葉は伝達したい内容を伝達するための道具というより、伝達する内容がつくられるときに、先行して存在するものであるということが見えてくる。そもそも「オタク」という言葉は、目の前にいる他人に向かって、その人物に声をかけるときに使う「おたく」から派生したといわれている。「オタク」という言葉は「おたく」という先行する言葉によって、われわれの目の前に現れ使われるようになったのである。その意味で、言葉とはあるものが現前するための場を与えるものなのである。何かが存在するとは言葉においてなのだ。われわれがなにがしかを話したり、知ったりすることができるのは言葉があるからなのであり、その意味で「はじめにことばありき」となる。人間が存在しているのは、言葉という場に切り開かれているからである。

われわれが世界について何かを語り、議論をしたり、批判したりするとき、必ず言葉がなければならない。カントの概念を借りれば、言葉はア・プリオリな存在なのである。ア・プリオリとは、経験に先立ち経験を規定する構造という意味である。われわれは対象を素のまま認識することはできず、なんらかの経験や認識の仕組みを通ることになる。いわゆる「物自体」という無為かつ純粋な真理を認識することができないのは、このア・プリオリな経験と認識の媒介性に依拠しない経験と認識はありえないからである。そして主要な媒介は言葉なのだ。つまり、われわれの認識と経験は、言葉というメディアがもつ力学によってマネージメントされた世界のなかで生じているのである。

そして、言葉の媒介性による力学の一つが、世界を事分けしてしまうことにあった。それゆえ、物事を区別すること、分類することは言葉を使う人間にとって回避不可能なことである。言葉において認識の媒介性は、われわれを事分けすることに誘ってしまう。その達人がアリストテレスであった。また全一的な知を希求してやまないプラトンもいったん事分けされた魂と物質という分類に依拠し、物質という言葉によって表現可能な世界の有効性を認めていた。そのうえでプラトンの哲学は、物質的世界の論理を説明する自然哲学に留まらず、魂（プシューケー）を自然哲学に「重ね合わせ」していくのであった。一方を語れば、もう一方はその時点では後退してしまうのであり、その後退が便宜上のものであることを意識しているからこそ、もう一方について語らなければならないのである。それゆえ、事実だけを、〝is〟だけを語ることに終始してしまうことは、「よく生きること」に抵触してしまう。科学と倫理、事実と価値判断、〝is〟と〝ought〟、世界がどのようにあるのかという知と人間がいかに生きるべきかという知は、一方だけを語ってはこと足りないということになる。

第六章　プラトンのメディア論（一）――有害メディア論から

一、プラトンの書物論

よく知られるように、ソクラテスは著作というものを遺していない。プラトンが師の哲学を対話編という形式によって表現したものを、われわれは読んでいる。なぜ、論文のような理論的な著作ではなく、対話とその対話する場面について記述する対話編という形式を採ったのかには、プラトンの重要な意図が組み込まれている。それについては、後述するが、対話という方法が真理探究との目的に関して、必然的な選択であったという点が重要である。

真理探究を目的としているとはいえ、ソクラテスの話は一切無駄のない議論のみで構築されていたわけではない。なんといっても、街中で誰彼となく話しかけたと言われるおしゃべりなソクラテスである。ソクラテスはアテナイの路上などある特定の時間空間のなかで、話し相手をもち上げてみせたり、冗談を言ったりしている。かりにプラトンがソクラテスの議論の内容を整理して、われわれの前に理論的に提示していたとしたら、その対話によって生じる臨場感は生み出せなかったのではないだろうか。しかし、対話編は知識が生成する現場自体のドキュメンタリーのようである。

当時のアテナイでは、こうした街中でのコミュニケーションが当然のこととして受け止められていた。確かに奴隷制を下敷きにした、労働から逃れられた市民であったからこその実践ではあったろう。しかしながら、街中で市民同士が対話することを自明とするエートスは現代社会のわれわれにはほとんど見られないものである。

もちろん都市化され、街中で出会う人々を他人として、あるいは無関係な他者として位置づける現代社会において、アテナイ的なコミュニケーション空間を理想とするのはナイーブな感慨にすぎないかもしれない。しかしながら、他者との関わり自体を拒否したり、面倒くさいとするエートスには反省しなければならない点が多いだろう。そもそもエートス(ethos)の語源が倫理(ethics)である点からいっても、それらが「よく生きること」になるかは考えなければならない。もちろん、他者との親密性をただ求めろなどということではないが[1]。

プラトン著『パイドロス』の終盤において、ソクラテスは「書かれたもの」一般の価値、文字あるいは書物批判を展開している。プラトンはその場面を描き出す。青年パイドロスは弁論家リュシアスを信奉している。リュシアスが展開する弁論をパイドロスは読み上げ、ソクラテスは自らの弁論を行う。そして、この弁論は技術であることが確認され、哲学的な弁論技術に何が適合しているのかが議論されている。話すことが技術であるように、書くことも技術であり、その一つひとつの技術がどのように役立つのか、そんな「話し言葉」と「書き言葉」をめぐる技術論が展開される、そんな場面である。

そこで、ソクラテスは昔の人から伝わる物語について語り始める。それはエジプトの古い神々の一人テウトについてであった。テウトは算術と計算、幾何学と天文学、将棋と双六を発明した神であるが、文字の発明をも行っている。エジプト全体に君臨していた神タモスに、これらの技術を人々に伝えることの重要性をテウトは説き、文字の普及がエジプト人の知恵を高め、もの覚えがよくなると進言する。その理由は文字が記憶と知恵の秘訣だからというものであった。しかし、タモスは批判的な意見を紡ぎだすのであった。

ソクラテスの「書かれたもの」一般の価値論、書物批判について、少し長くなるが抜粋引用しておこう。

たぐいなき技術の主テウトよ、技術上の事柄を生み出す力をもった人と、生み出された技術がそれを使う人々にどのような害をあたえ、どのような益をもたらすかを判別する力をもった人とは、別の者なのだ。いまあなたは、文字の生みの親として、愛情にほだされ、文字が実際にもっている効能と正反対のことを言われた。なぜなら、人々がこの文字というものを学ぶと、記憶力の訓練がなおざりにされるため、その人たちの魂のなかには、忘れっぽい性質が植えつけられることだろうから。それはほかでもない、彼らは、書いたものを信頼して、ものを思いだすのに、自分以外のものに彫りつけられたしるしによって外から思いだすようになり、自分で自分の力によって内から思いだすことをしないようになるからである。じじつ、あなたが発明したのは、記憶の秘訣ではなくて、想起の秘訣なのだ。また他方、あなたがこれを学ぶ人たちに与える知恵というのは、知恵の外見であって、真実の知恵ではない。すなわち、彼らはあなたのおかげで、親しく教えを受けなくても物知りになるため、多くの場合ほんとうは何も知らないでいながら、見かけだけはひじょうな博識家であると思われるようになるだろうし、また知者となるかわりに知者であるといううぬぼれだけが発達するため、つき合いにくい人間となるだろう。

それならば、ひとつの技術を文字の中に書きのこしたと思い込んでいる人、また他方では書かれたものの中から何か明瞭で確実なものを掴み出すことができると信じて、その技術を受けとろうとする人、こういう人はいずれも、たいへんなお人よしであり、アンモンの予言を知らざる者であるといえよう。なぜなら、そういう人は、書かれた言葉というものが、書物に取りあつかわれている事柄について知識をもっている人にそれを思いださせるという役割以上に、もっと何か多くのことをなしうると思っているからだ。

じっさい、パイドロス、ものを書くということには、思うに、次のような困った点があって、その事情は、絵画の場合とほんとうによく似ているようだ。すなわち、絵画が創り出したものをみても、それは、あたかも生きているかのようにきちんと立っているけれども、君が何かをたずねてみると、いとも尊大に、沈黙して答えない。書かれた言葉もこれと同じだ。それがものを語っている様子は、あたかも実際に何ごとかを考えているかのように思えるかもしれない。だが、もし君がそこで言われている事柄について、何か教えてもらおうと思って質問すると、いつでもただひとつの同じ合図をするだけである。それに、言葉というものは、ひとたび書きものにされると、どんな言葉でも、それを理解する人々のところであろうと、ぜんぜん不適当な人々のところであろうとおかまいなしに、転々とめぐり歩く。そして、ぜひ話しかけなければならない人々にだけ話しかけ、そうでない人々には黙っているということができない。あやまって取りあつかわれたり、不当にののしられたりしたときには、いつでも、父親である書いた本人のたすけを必要とする。自分の力だけでは、身をまもることも自分をたすけることもできないのだから(2)。

このソクラテスの言説には明らかな文字批判、書物批判がある。そして、その批判の基点となるのが、「知っているとは何であるのか」、知識の本性に関する知見である。テウトは文字が知恵の秘訣であるとしているが、ソクラテスはそれを否定している。われわれは大抵書物を読むことによって知識を獲得していると信じている。知識の源泉を文字に求めているからである。それゆえ、ソクラテスの文字批判、書物批判は現在のわれわれにも問いかけを必然とする議論である。

では、『パイドロス』におけるソクラテスの書物批判を要約しておこう。

〔1〕書物は記憶の秘訣ではなく、想起の秘訣に役立つメディアである。書物は情報の保管庫、集積物であって、それはわれわれ自身が記憶していることとは異なっている。文字を学んだ人間は、結局のところ、書物に頼るため、記憶力が疎かになり、忘れっぽくなってしまう。

〔2〕書物から得た情報は、真の知識ではなく、外見にすぎない。書物に頼ると、自ら考え探求することなしに、真の知識や知恵を得たと勘違いしやすい。そのため、自ら探求したわけでもない知識を真の知識として取り扱ってしまうことになる。ただ外見としての知識は非常に多く手にしているため、博識家として自惚れてしまう。外見として知識を多くもつものとは、ソクラテスのいう対話が成立し難い。

〔3〕書物はつねに同じことしか語らない。書物に何かたずねたとしても、その答えは一つしかなく、変化することはない。その意味で、書かれたものは「死んだ」生命のないコミュニケーションのようなものである。書物の読み手や聴き手のあり方によって、コミュニケーションを変えることができない。

〔4〕書物は語るべき人を選べない。思慮深い人でも、その内容について関わりをもたないもの、あるいは関わりをもつには準備がなされていないものも関係なく語る。対話は相手の適性に

応じて行われるものであり、準備不足のものには沈黙したり、その準備に向かわせる言葉の選択がなされる必要がある。

〔5〕書物は不当な非難に反駁することができない。対話においては、哲学的な問答家であれば、相手の反駁にその都度的確な言葉を投げかけ考えを深めることができるが、書物にはそのような力はない。その意味で、書物は「死んだ」言葉である。

〔6〕書物は覚え書きの機能をもっている。哲学的な真理探究の道を目指すものが、その書物を自ら読むことでその考えの道筋を思いだすことができるし、同様の道筋を目指す他の哲学者のための覚え書きを蓄えるという積極的意味がある。

このようなソクラテスのメディア論は、書物や文字は知っているものの記憶の補助にすぎない脆弱な存在とされているように見えるのは確かである。しかしながら、ことはそう単純ではないと思われる。

二、有害メディア論と流言

ソクラテス／プラトンのメディア論から「よく生きること」、倫理の内実に迫る前に、またその文字批判、書物批判の中身を検討する前に、少しばかり迂回しながら議論していこうと思う。

というのも、メディアや社会に関する評論活動を行っている荻上チキが、ソクラテス／プラトンのメディア論に関してユニークな角度で議論しており、現代のメディア状況を考察するうえで、重要な視角を提示しているからである。

荻上はソクラテス／プラトンのメディア論を有害メディア論という視角から議論している。彼はこの視角をあえて採用しているともいえ、その意味で思考実験的議論ではある。ここからは荻上の議論を叩き台としていこう。

荻上はソクラテスの文字批判を古典的有害メディア論として考察している。有害メディア論とは、新しいメディアが登場するときよく見られる、そのメディアに対するバッシングのことである。有害メディア論はメディアと倫理という観点からも、当然重要な議論である。例えば、「若者がケータイによってサルに退化した」「ゲームによって脳が汚染される」といった新しいメディアによる影響が有害であることを危惧した説がある。もちろん、このような危惧が人々の道徳観の現れであるのはわかりやすい。荻上によれば、これらは科学的な装いをもつことも多く、なおかつ本質的には流言の構造をもっているという。

流言とは「人から人へと伝えられる話のなかで、とりわけ、無根拠性や無責任性の目立つもの」、「社会に流通する、虚偽の情報ないし誇張された情報[3]」のことである。つまり、先のバッシング言説は事実として確定されたわけではないにも関わらず、人々の思い入れや願望が組み込まれることによって「支持されたリアリティ」をつくりやすいわけである。その意味で、人々が信じたい言説であるということになる。

アメリカの社会心理学者G・W・オルポートとL・J・ポストマンは『デマの心理学』において、流言の発生の原因を定式化してみせた。


R（Rumor　流言の発生量）＝i（importance　重要性）×a（ambiguity　曖昧さ）

この公式は流言の基本的な条件を、一つには話の主題が話し手、聞き手ともに何らかの重要性をもっていること、二つ目には本当の事実が何らかの曖昧さによって覆い隠されていることとして、両者のかけ算によって流言の発生量が決められるというものである。

「重要性」とは自分の財産や生命が脅かされるような問題から、文化的価値や趣味嗜好に関わる問題にまで広げられる。また、「曖昧さ」とは情報が不足していたり、隠蔽されていたりすることになる。「重要性」と「曖昧さ」は人間の欲求や感情と関わる要因である。そのため、人間の心理的メカニズムと関連をもっており、オルポートらは次の三点を指摘している。一つには、流言は人々の感情の緊張を緩和したり、正当化したりする機能をもつ。二つ目には、人間は曖昧な状況に耐えることができず、曖昧さを解消しようとする知的欲求をもっている。そのため、流言は曖昧な状況に対してそれなりに満足を与える情報を提供する。「曖昧さ」とは、換言すれば情報不足である。子供たちの間で、口裂け女やトイレの花子さんのような都市伝説が流行するのは、子供が情報を十分にストックできていないからでもある。三つ目には、他者に対して誇示の欲求をもつことから、他人が知らない情報を他者に伝えることに優越を感じることがあげられる。われわれが「絶対に話さないでね」と言われても、話してしまうのは、知っているという優越感からでもある。

この流言の構造は確かに新しいメディアに適応されやすい。流言における「重要性」は、保守的あるいは伝統的価値観になる傾向をもつ。なぜなら、それらはわれわれの社会に根ざした価値観であり、当然信じたい価値観でもあるからである。それゆえ、この価値観が揺さぶられたとき、流言は発生しやすい条件を高めたことになる。このような流言の構造は新しいメディアの登場とそれに付随する新しい現象によって活性化され、有害メディア論が生じやすいわけである。

荻上はそのような具体例として、いくつもの事例をあげている。例えば、現代であれば「教養の代名詞」ともいえる小説に対するバッシング、「古き良き時代」の象徴ともいえる「紙芝居」への批判、ユニークな事例として「自転車に乗る女子」批判や「野球害毒説」などである。そしてこれらの現象への態度は、教育というネゴシエーションの場に組み込まれることによって、社会のなかで馴化していくことになる。つまり、教育が保守的・伝統的価値との折り合いをつける機能を果たし、教育自体が保守的・伝統的価値を組み込んだ価値体系にあるため、バッシングは弱体しやすいわけである。

荻上もあげているニューメディアの頃のテレビバッシングについて取り上げておこう。

日本でテレビ放送がスタートして四年ほど経った一九五七年二月、当時評論家として活躍していた大宅壮一が『週刊東京』誌上において、テレビバッシングを行った。テレビが紙芝居以下の白痴的番組を制作し、高度な情報技術であるテレビによって、かえって文化が後退し、その効果は直接的感覚的であるがゆえに、人間知性を喪失させるものだと主張したものであった。ちなみに紙芝居と比較されているのは、当時テレビを「電気紙芝居」と呼んでいたからである。このような命名からしても、紙芝居自体に低俗性があるとの認識は当然あったわけである。

この主張は「一億総白痴化」論といわれ、テレビ批判としてよく知られている。テレビの登場は決して手放しで喜ばれるものではなかった。それどころか、当時の知識人を中心として、テレビの受け手／視聴者は「一億総白痴化」運動に巻き込まれるネガティブな存在とみなされていたのである。

大宅は「一億総白痴化命名始末記」と題したコラムで、次のような議論を展開している。

視覚の刺激の度＝見る興味も、質を考えずに、度だけ追っていくと、人間の最も卑しい興味をつつく方向に行く結果になる。人間は、たとえば街角で犬が交尾をしていれば、立ち止まって見たい気持を持っている。見終わった後では、バカバカしい、用事があるのに犬の交尾なんて見て（中略）刺激が過激になり、刺激の度をますます強くしなければいけない状態が続けば、その刺激のない平常な時間に、人間はボンヤリとしてしまう。それは痴呆化するということである。テレビというメディアは、マス・コミのなかで、こういう人間の低い興味と接触する機能を、本質上最も多くもっているということだ(4)。

この大宅の批判には、二つの水準でテレビを有害メディアとする論理が控えている。一つは番組批判であり、番組内容が低俗であるという指摘である。テレビ悪玉説といっていい見解では、暴力とセックスが安易に使われたり、政治的メッセージの偏向や、安手な見世物内容に対して批判が向けられる。この批判は現在でもそれほど変わりはないように思われる。凶悪な殺人事件、常軌を逸した性犯罪や少年事件が起きるたびに、暴力や性に対するメディアの表現規制が問題になる。実際に現在の日本では、規制が強まってもいる。

テレビ番組は「犬の交尾」のような低俗な内容であり、受け手はその刺激に釣られて、思わず見入ってしまうというのである。こうした内容は昨日よりは今日、今日よりは明日の方がエスカレートしていくと考えられる。このような見解は日本のテレビ開始時から現在にいたるまで、バージョンを変えながらも続いている。吉本のお笑い芸人ロンドンブーツ1号2号の冠番組批判を思いだせばわかりやすい。

二つ目は受け手批判である。受け手/視聴者は、このような低俗番組を無批判に受容し、送り手に飼いならされてしまうと考えられている。受け手はこのような低俗番組を嬉々として受容し、この低俗性に対して批判力をもたないというのである。人気のあるテレビ番組とは、送り手がステレオタイプ的に制作を繰り返し、視聴者である受け手はただ口を開けて待っているかのような存在として考えられていた。

その結果、テレビ文化は画一性を帯びる。この画一性に飼いならされた受け手は、世界に対する批判力を喪失し、思考能力を奪い取られ、人々の豊かな感情や生活を規格化してしまうと、大宅のような知識人に不安を感じさせたのである。つまり、大宅からすれば、「人間の最も卑しい興味」に安住する人間像を想像し、批判せざるをえなかったのである。

いま現在でも、このようなテレビ観は当然ある。その背景に大衆社会論的思想もあるだろう。もちろん、いま現在のテレビにも問題はある。しかし、当時のテレビはこのような批判を受けながらも、荻上の指摘するように教育との調整を行っていく。すでに忘れられてしまったことかもしれないが、以降のテレビ局開設には教育を重視する番組制作が課せられていた。世界初の教育専門チャンネルとして開設されたNHK教育テレビ（現NHK Eテレ、一九五九年開設）、教育番組専門局として開設された現テレビ朝日（日本教育テレビとして一九五七年開設、その後NETテレビ）は教育番組を五〇％以上、教養番組を三〇％以上とする編成であったし、現テレビ東京もまた開設当初は教育専門番組局であった。このように制度的な面でテレビは教育という人々が受け入れやすい価値観を組み込みながら、テレビとしての独自の進化を示していくのである。このようにテレビ論「一億総白痴化」を見てみると、確かに流言の構造を読み取ることができるだろう。

PCやインターネットに関していえば、当然激しいバッシング、有害メディアとして見られていたのも記憶に新しいところだが、ものの見事に教育場面に組み込まれながら、アドボカシー（擁護）とバッシング（否定）どちらかへと引き裂かれることなく、それらの言説を残しつつも、社会に組み込まれている。このような社会的プロセスは、新しいメディアの登場のたびに繰り返されているわけである。(5)

三、有害メディア論者としてのソクラテス

荻上のソクラテス批判を見ておこう。本章一節ですでに要約したように、確かにソクラテスは書物を、文字を批判しているのは明らかである。荻上もまたソクラテスの主張が、文字は「真実」を表す「魂をもった言葉」の「影」にすぎず、真の知識ではなく、外見にすぎないとの理解にあるとしている。そのうえで、このような批判が生じる論理として、ソクラテスが《あるべき主体モデル》を想定していることになると主張している。つまり、旧メディアである音声でのコミュニケーションを行うのが《あるべき主体モデル》で、文字というニューメディアによるコミュニケーションがその《あるべき主体モデル》に危機をもたらしていることをソクラテスは危惧しているというのだ。

荻上が有害メディア論をもちだして議論しているのは、ニューメディアの社会的普及過程において、そのニューメディアを身体化していくときの文化的な政治のあり方である。ニューメディ

アは、オールドメディアと親和的になった身体をもつ人々との間に軋轢を生み出す。その具体的な現れを言説化したものが有害メディア論である。われわれがコミュニケーション環境に適応するには、さまざまな身体作法を身につけていく必要があるが、メディアを使いこなすようになることはそのなかでも最重要な文化能力である。その文化能力をメディア・リテラシーといってもいいだろう。

社会は人々にメディアに適応した文化能力を要請期待し、人々はそれを獲得していくことになるが、それは新しい身体性の獲得になる。つまり、マクルーハンが「メディアは身体の拡張である」といったように（第一四章一節参照）、外部化された身体はメディアとして自律し、翻ってわれわれは当のメディアによって身体を組み替えていくのである。その意味で、ひとたび特定メディアが社会的身体として動き始めたら、「昔に帰れ」というのはノスタルジーになるのであり、社会はニューメディアを組み込んだ身体性を前提に自律運動する他ないのである。

このようなメディアと身体、社会の関係性を批判的枠組みとすれば、確かにソクラテスの書物批判には問題があることになる。

彼（ソクラテス：引用者注）にとって書くことは、語ることの《形式的で劣化した模倣》に過ぎなかった。このような批判作業は、後に多くの哲学者たちが指摘しているように「音声」の「文字」に対する優位性を主張するものであり、「旧メディア」こそが《あるべき主体モデル》

を構築する絶対手段であることを主張するものであると言える。(6)

ここで荻上は、ソクラテスが哲学と名付けている知的営為は《普遍的な真理》を志向しているというより、「文字がなかった状態」、そしてそれに依拠した権威への志向であると論じている。そして、その端的な象徴が神タモスという旧来的な絶対者であったわけである。新しい価値や身体をもたらしうる技術の主テウトは、旧来的価値や身体の象徴であるタモスの批判を受けることになったとの解釈である。

そのうえで、ニューメディアたる文字は社会のなかで定着し、一定の役割を果たしていることが確認される。そのような例として、古事記の口述を稗田阿礼《ひえだのあれい》が記憶したように現在のわれわれは記憶する必要もなく、書物にアクセスすることができることをあげている。(6) これは一節のソクラテスの文字批判要約において、ソクラテスが認めていた「覚え書き」機能である。そもそもソクラテスが語ったことをプラトンが対話編という書物に「覚え書き」しておいてくれたおかげで、現代人は二四〇〇年も前の人物の言葉を目の当たりにすることができるわけで、ソクラテスも「覚え書き」機能の有効性を指摘していたことではあった(一〇五頁)。

このような「覚え書き」機能は、現在でいえば、コンピュータネットワークを介した大規模データベースに顕著な機能である。大規模データベースにアクセスすることによって、外部化された記憶を呼び戻しているのであるから、その機能の本質として文字や書物と同類なのであり、検索技術の高度化という点だけが異なっているということになる。われわれはデータベースの何とアクセスしているのだろうか。それは知識であるというより固定化され変化しない情報である。それは第二章以降、養老孟司の『バカの壁』を叩き台として批判した「不変としての情報」なのである。とすれば、これまで本書で議論してきたように、「不変としての情報」である「覚え書き」機能の有効性を、そのまま手放しで肯定するわけにはいかない。

ソクラテス／プラトンの文字および書物批判は、旧来権威への寄りかかりなのであろうか？　有害メディア論なのであろうか？　音声の文字に対する優位を主張するパロール中心主義なのであろうか？　彼らは《あるべき主体モデル》なるものを想定したのだろうか？　荻上のソクラテス俗悪メディア論をひも解いてくると、そんな疑問が立ち上がってくることになる。

第七章　プラトンのメディア論（二）――「話し言葉」としての詩批判から

一、「よく生きること」と書物批判

ソクラテス／プラトンの書物批判を有害メディア論的視角から検討する前に、再度「よく生きること」について議論を深めておこう。その作業を行うことによって、ソクラテス／プラトンの書物批判に「よく生きる」が組み込まれていることが理解できると思われるからである。

第五章で論じたように、ソクラテス／プラトンは「よく生きること」を価値とした。ただ生きることではなく、「よく生きること」を。素朴なわれわれの実感としては、倫理や道徳という言葉には、われわれの自由に規制をはめるもの、正しいこととして社会から要請されるものといった外在化した力のような意味が組み込まれている。しかし、ソクラテス／プラトンが「よく生きること」とすることは、われわれの生活を成り立たせている「大地」（二六七頁）のなかに存在し、自発的な意志のように立ち現れてくる力である。そして、その決定的場面として、プラトンは死刑執行前のソクラテスについて描き出している。

よく知られるように、ソクラテスは国家公認の神を拝まず奇怪な神ダイモニオンを拝む罪を犯し、モラルに関して成年に害を与える説を訴える罪によって、権力者に睨まれ、告発され、裁判にかけられ、有罪判決を下され、死刑に処されたのであった。そもそも「よく生きること」、「魂をできるだけすぐれたものにする」ことを手放さない、不正と不敬虔を一つも行わないことに全関心を向けていたソクラテスが〝国家反逆罪〟になったのである。たんにそう考えていたということではない。ソクラテスは「よく生きること」を生きていたのであり、実践していたのである。この実践を間近で見ていたプラトンはソクラテスの罪状をソクラテスにもっとも相応しからぬと考え、大きな衝撃を受ける。この国家の不条理が、後の『国家』を書く起点であった。

ソクラテスは告発された。しかし、法廷を無断欠席してしまえば、権力側はそれを見過ごそうと考えていたようである。有罪判決を受けた後も追放刑を自ら訴えれば、命は助かったはずであった。しかし、ソクラテスはそのような行動を起こすことはなかった。ソクラテスの思慮からすれば、それらの行動は「よく生きること」に反することなのだろう。獄中のソクラテスを訪ねたクリトンは刑死することは正しいことではないと考え、脱獄を勧める。死刑間近のソクラテスはこの勧めを断る。理由は、「一番大切なことは単に生きることそのことではなく、よく生きることである」というものであった。自分自身が不正を加えられ被害を受けたとしても、仕返しに不正を働くわけにはいかない。脱獄が「よく生きること」であるならば行うが、不正と知って行うことは「よく生きること」の否定である。ソクラテスにとって、死刑を突きつけられていても「よく生きること」こそ大切なことなのであった。このソクラテスの態度からは、人生の意味が逆説的に浮き彫りになっているように思われる。つまり、この「よく生きる」との生の大原則は、ただ生きながらえること、長く生きることとは異なる意味にあるということである。

『パイドン』にも、獄中でのソクラテスが描かれ、脱獄を断ったソクラテスが、「なぜここに座っているのか」と聞かれる場面がある。一つの答えは物理学的な説明で、脳からの指令で筋肉や骨が動くからというものである。現代であれば、脳科学的な説明ができるのであろうか、モノ的な説明である。もう一方は倫理的な問題で、脱獄せずにいることが正しいと判断したからであるとの説明である。どちらの説明がわれわれにとって説得的かは説明不要であろう。われわれが生きることはそのような倫理的説明、あるいは価値的説明によってこそ納得できる論理のなかにある。

このように、ソクラテスは死に直面していても「よく生きる」を手放さないのである。いつ何時、誰と対峙していようが、その実践は変わらない。ただ何が「よく生きること」、善であるのか、その内実を規定することは実に難しい。それは常に問われ、常に吟味されるものとして、われわれに随伴している。「吟味なき生は人間にとって生きるに値しない」とソクラテスはいうが、吟味とは善の探求であり、その方法がソクラテスにとって対話である。

人間の行為は必然的に善を求める。かりにある人物が泥棒を企てたとしても、その行為は彼にとって富の獲得という点で善である。あるいは講義中にスマホでゲームをしているのは、それを善であるとしたからである。われわれの、立つことも、寝ることも、歩くのも、勉強するのも、仕事することも、恋愛することも、ゲームすることも、すべて善を希求した行為なのである。

しかしながら、これらは善と思い込んだだけかもしれないという問題を抱える。それゆえ、吟味されなければならない。ここに目的という問題が顔を出す。泥棒であっても確かに善を求めて行う行為である。しかし、その目的が真に「よく生きること」、善であるのかは吟味が必要なのである。講義中スマホでゲームをしているのは、退屈しのぎ、楽しさを求めてということであれば、その目的から真に善であるかが問われることになる。それゆえ、善の内実を規定することは容易ではないにしても、個々の行為が善であるのか否かについて吟味しなければならない。これがソクラテスの善の探求である。ゆえに、イデアとしての善には水準の異なる二つの善イデアがあり、善に特別な地位が与えられる。とすれば、ソクラテスはこの目的レベルでの「よく生きること」、善について対話を繰り返すことになる。彼以降の哲学者の倫理学は、このソクラテス的な目的論を善の探求として継承しているといえるのである[1]。

とすれば、ソクラテスがメディアについて考察していること、あるいはメディアについて対話している場面においても「よく生きる」を手放さないはずである。メディア論を述べても「よく生きること」が問われているはずなのだ。前章で見たとおり、プラトンは『パイドロス』において、ソクラテスが書物論、「書かれたもの」批判を行っている場面を描き出している。このソクラテス／プラトンのメディア論をひも解いていけば、ソクラテスが「よく生きる」を手放さないとわれわれが信頼できるなら、メディアと倫理、つまりメディアと「よく生きること」との関係が少なからず浮き彫りになっていくだろう。

二、「声の文化」と「文字の文化」

前章の最後で、荻上のソクラテス有害メディア論に関して考察し、荻上議論を内在的に批判する視角のヒントを見いだした。そこで、ソクラテス／プラトンが、音声の文字に対する優位との考えを、本当に採用していたかについて考察する必要が生じることになる。じつは、プラトンは音声を媒介とした旧来的コミュニケーションを徹底的に批判してもいる。その経緯については次節で取り上げていくが、その前にこの問題を議論するための前提として、言葉がいかなるメディアの形式をとり、どのような力学をもっているのか文明史的に押さえておくことにしよう。

人類のあらゆる文明は、なにがしか遺跡や遺物などの文化の記録によって伝えられている。もちろん文字による記録もまたその一形式である。しかしながら、言葉それ自体や言葉による人々の思考の伝え方というのは、文明の早い時期には異なる形式が使用されていた。それは話し言葉や声による語り伝えである。ホメロス以前のギリシャ文化は、口承による記憶こそが文化の貯蔵庫であった。文字のない時代というのは、歴史以前の時代である。ホメロスからプラトンあるいはアリストテレスへと時代が進む間に、話し言葉に加えて書き言葉でのコミュニケーションが広がりを見せるようになっていく。つまり、文字を書くことにより「覚え書き」が蓄積されていくことが歴史には必要なのであった。

そのコミュニケーションの変化は、人々の情報蓄積のあり方を記憶から文字による「覚え書き」へと移行させるものであった。いまや聴覚だけではなく、視覚が情報蓄積の主要器官へとなろうとする頃である。おそらくヘレニズム時代（前三二三〜前三〇年）にいたると、視覚による「覚え書き」との関係を重ねることによって、概念的思考の洗練が行われていく。プラトン（前四二七〜前三四七年）とはこの口承での言い伝えと「覚え書き」での記録の間隙にあり、そのメディアのあり方を意識した人物でもあったのだ。それゆえ、ソクラテスの対話場面を「覚え書き」するということ、著作することを意識した最初の哲学者でもあった。そもそも師のソクラテスが「覚え書き」批判を展開し、それを実際に書いたのであるから。

プラトンはメディアの文明史における革命期の象徴的人物なのかもしれない。それはオングがいう「声の文化」と「文字の文化」に対応するものである。プラトンのオールドメディア批判を理解する前提として、「声の文化」と「文字の文化」の文明史的意味を押さえておこう。

文字によるコミュニケーションが、文明そのものの再編成を促すことを指摘した人物としてイニスがいる。彼によれば、文明が生み出すさまざまな道具はメディアとして機能し、そのメディアによって時間と空間に影響を与えるという。イニスは文明史的な記述のなかで、文明そのものを大きくかえるメディアとして文字をあげ、この筆記の文化が文明の転換として大きな意味をもったと指摘している。(2)

このようなメディアの文明史的考察を発展させたのがオングである。オングによれば、文字の成立は人類の思考のあり方にも影響を与えたと考えられる。それまで内面にわき起こる思想は原理的には一回かぎりの出来事であった。人類は文字を獲得することによって、その思考を外部化し固定することができる。さらに、固定された文字は時間空間を超えて広められるものとなる。そして、このような文字の集積は書物になる。このような声と文字というメディアのもつ力学が生み出す身体様式から思考様式の変化をモデル化し、オングは「声の文化 orality」から「文字の文化 literacy」へと理解したわけである(3)。

声として発せられる音声記号は残ることができない。それゆえ、人々はなにがしかを表現するとき、その表現を単純化し、具体化し、繰り返すことによって、記憶しやすい形式にしてコミュニケーションする。それゆえ慣用句を発達させ、決まり文句を組み合わせ、リズミカルな表現となる。あるいは、一度きりの発話であるため、話し手と聴き手の間で話の本筋から離れないように冗長な言い回しを行い記憶に留めるようにしたり、共同体の生活に密接に関連づけながら状況依存的に話が展開されたり、共同体としての感情に適合した感情移入的な表現が選択されることになる。このような「一時的な声の文化」に生きている人にとって、言葉は偉大な力をもっていると考えられるし、音には身体からわき上がる力動的存在としての位置づけがなされる。この生きている声の積み重ねが他者との意味の共有をもたらすのである。

ゆえに、「声の文化」では英雄的な人物が多く登場する。というのは、それは人々の認識や記憶に資するからである。つまり、英雄的な人物とは記念碑的で多くのものたちが覚えている共同体における象徴的人物である。声や音は発せられると同時に前進していく。そのため聞き手は、話し終わったことは消えていくことになるので、話が記憶に残りやすいような言葉や詩句をうまく埋め込んでいく必要がある。

音、そして聴覚は物事に対して特定モードを必然とする。つまり、音は直接的感覚に訴える。音は瞬時に四方八方からやってきて、このとき、われわれは聴覚世界の中心にあり、音によって感覚が統合される。音は対象化されるものとしてあるわけではない。しかし、視覚は聴覚とは異なる世界を構成する。見るという行為をわれわれが行うとき、われわれは何かが動けば、それに視線を合わせ、目を動かすことになる。つまり、世界を対象として理解する世界を開くのが視覚なのだ。「声の文化」では、理念的ではあるかもしれないが、世界は人間と共に生起し、両者は共にあった。それゆえ、人間が世界について思いを巡らすとき、目の前のものについて考察するというよりは、音という呪術的世界に身を置くことになる。

このような「声の文化」という音を中心とした聴覚世界とは異なり、「文字の文化」は眼を中心とした視覚世界をつくり出す。そこには「声の文化」において状況依存的で具体的な世界に限定されていたわれわれの生きる世界が変容し、抽象的思考を可能にし、客観的世界の構築を可能にすることになる。

書くことは言葉を空間に留め置くことである。「声の文化」では状況依存的であった言葉を、書くことで固定することができる。かつての記憶は記録として蓄えられ、あとで探したり、引き出すことができる。

中世では、読み書き能力（リテラシー）は当初聖職者が専有していたが、このような能力は一二世紀になると一般化した。ただそれはリテラシーを獲得したということではない。リテラシーを獲得していないものでも、「文字の文化」の論理をおおよそ理解し、人に文字を書くことを要求したり、文字に書き残す意味に通じるようになる。この能力をレイ・リテラシー（lay literacy）という。つまり、「文字の文化」では、実際に文字の読み書きをできないものであっても、その生きる世界は「文字の文化」的論理のなかに生きるようになるわけである。一五世紀、グーテンベルクの活版印刷術の発明、その技術革新にともない進展した「活字文化」とは、レイ・リテラシーが普遍化していく世界である(4)。

さて言葉を空間に留め、そこから生じる力学によって言語の潜在的可能性が大きく拡張していき、文字を組み立て直すことによって思考を高度化していくようになる。視覚は言葉を観察することが可能である。われわれは実際文字を書くとき、文字を上から見下ろしている。よって、文字列がもたらす意味から分類を軽々と行うことができる。もちろん、分類の基準が正しいか否かも、分類方法を文字列にしたため比較検討すれば、方法の分類も可能になる。あるいは言葉を視覚化すること、文字にすることによって、その言葉や綴られていることを切断し、言葉の単位を発見することにもなる。こうして、かつて状況依存的な言葉は単位となることができ、特定の定義を与えられ、意味が固定されていると見えるようになる。
さらに書き言葉は人々の良心を、心の内を記録させるようになる。つまり日記である。あるいは社会のなかで問題があれば、それを記録にしたため、訴状にすることができるようにもなる。このように文字が社会のなかで流通し、文字は法にさえなり、文書が重視される。文字は社会を変化させるのに十分な力を持っている。それはゆっくりと時間をかけて人々に広がったにしてもである。

目の前のものに意識を集中し、優先的に考えるようになったのは、「文字の文化」からさらに進んで、印刷が可能にした経験の積み重ねのあとである。視覚は明晰で分析的な思考を行うような力学上にあるが、聴覚は世界との調和を求める。それゆえ、かつては話し手が多くの聴衆に向かって話をするときには、両者は一体となる共同性のなかにある。それゆえ、神は人間に「語りかける」のであり、儀式や礼拝はこのような声の力学と親和的なのである。

このように話し言葉の力学を理解すると、「声の文化」では、現実と言葉は現実の人間のコミュニケーションの組み合わせ、その文脈のなかに存在していた。しかし、文字はこのような文脈なしに存在するのであり、文脈の外部に存在することができるため、人工的な言葉なのだ。話し言葉は人間がその成長過程において身につけることができる。その意味で、自然なことである。しかし、自然に書くことが可能になるということはない。あえて学習しなければならないものである。

書くことによって、われわれはある世界のただなかにいるだけではなく、その世界から離れていることができる。それが意識に作用することによって、知識が洗練された抽象的カテゴリーを生み出し、整理することができるようになる。「声の文化」においては物語のただなかに置かれていた人々は、いまや書くことによって過去を項目化し、表やリストをつくることができるようになった。このような「文字の文化」の発展形が、「活字文化」であるばかりではなく、いま現在コンピュータ上にあるデータベースであるとの見方もできるわけである。

もちろん、「声の文化」が瞬時に「文字の文化」に転換するなどということではない。文字には声の痕跡がつきまとってもいる。というより、音声中心主義といっていいかもしれないが、言葉には声が内在されているものなのである。ゆえに、「文字の文化」にも「声の文化」が組み込まれながらも、パリーが発見したように両者の認識論的断絶もあるという、入り組んだ認識を生むことになる。(5)「文字の文化」では、テキストにおいて逐語的な記憶形成を行う。ただ、ホメロスなどの叙事詩は韻律に合う決まり文句によって構成されていた部分が大きいわけであるが、その決まり文句が「文字の文化」にも入れ替えが容易であったゆえ、叙事詩における物語のトーンが「文字の文化」にも生きることになったという。ソクラテスの対話編には記憶の名手との対話が取り上げられる場面がある。あるいは、ホメロスの全作品を諳《そら》んじる吟遊詩人が称賛され描かれている。つまり、この時代にあって、記憶の名手はすでに希少な存在であった。プラトンは、ちょうど「声の文化」に根ざした精神から「文字の文化」に根ざしものを考える精神の移行期に生き、その移行を見事に認識し対話する師のもとで生き、この文字による自然哲学や文学による新しい精神空間を築く人物でもあったのだ。

三、プラトンのオールドメディア批判

プラトンにとって、オールドメディアは声であり、話し言葉である。そして、その話し言葉の達人こそ、師ソクラテスであった。彼はデルフォイの神託所から「ソクラテス以上の賢者はいない」との信託を受けるが、善について何も知らないと自覚しており理解できないでいた。偽りをいうはずのない神の言葉の意味を知るため、賢者として評判の人々との対話に繰り出すのである。ところが、賢者であるとの評判のものたちは、自ら賢者であると思い、他者からもそう思われているが、真に賢者であるわけではないことをソクラテスは悟る。彼らは無知であった。しかし、その無知を自覚している分だけ自身は少しばかり知を有している。その知が「無知の知」である。結局、ソクラテスの行動は、時の権威に対してその無知を知らしめることになり、ソクラテスはアテナイ社会から憎まれるのである。

この賢者と評判のもののなかには詩人もいた。「声の文化」にあって、詩人の役割は神の言葉を語り、それを人々に伝えることである。詩人は神話を物語るのである。ソクラテスは詩人のところにまで行って、彼らが書いたものについていろいろ質問する。しかしながら、神の言葉についてその理解を深めようとしても、十分な説明はなされなかった。

そもそも詩人は、霊的熱狂や深い感動から語りを生む存在であった。ソクラテスが問いかけた詩人は詩を書いていたが、その詩自体は「声の文化」に対応する性質を有している。語り部は自分で語った言葉を一語一語繰り返すことなく、次々と語りを紡ぎだす。メディアの定義には神との媒介との意味があることはすでに指摘したが（六三頁）、まさしくそのような存在である。しかし詩人の言葉は、詩人の英知から生じるものではなく、一種の天才や霊感からなのである。ソクラテスはこのような詩人のあり方に知を発見することはなかった。ソクラテスが「知っている」ということとは異なるのである。ここにソクラテス／プラトンの、知というものへの核がある（次章にて議論する）。

この時代、詩人は詩を文字にすることはできた。しかし、詩の受容は聴くことにあり、詩の朗誦とは口誦であった。当時の詩は教養の中心にあるが、だからといって、アテナイ一般市民は読書という習慣をもってはいなかった。その意味で、詩は「文字の文化」への移行をみせながらも、「声の文化」に根ざした精神世界をつくり、市民は傾聴者であった。

古代の文字使用は国家権力と結びつく。文字を操れる上位のものたちと、そうではないものたちに二分される。しかしながら、官吏もまた公共の碑文などに対して勝手な解釈を防ぐために要求される職業的な読み書き能力程度をもつのであり、ギリシャ詩人もまた権威をもちながらも、新しい詩を創作するのではなく、伝統的な価値意識が組み込まれた言葉を伝承するための、これまた職業的な読み書き能力を行使したということである。そして、聴衆である市民はそのことを前提として傾聴するのであった。

ハヴロックによれば、このような「声の文化」に顕著な口誦的な精神状態は、プラトンにとって「主要な敵」であったという。ちなみにハヴロックは当時のアテナイを「半・読み書き能力とでも呼べそうな段階」としているが、それは書く技能は少しずつ前進していたが、読書能力には前進がほぼ見られないからだという。つまり、読書自体が広がらなかったということを前提にして、詩を傾聴するように書物と対峙していたということである。

プラトンが『国家』で理想国家の構成を行うとき、詩人は人々を惑わし神々をおとしめるとして追放されることになる。ではどうして、プラトンは詩人を追放する必要があったのだろうか。プラトンは詩をどのようなものとみなしていたのであろうか。

ホメロスの詩人たちと論争をした後、プラトンは詩を「徳に似せた映像の模倣」であると指摘し、詩は知性を堕落させるものとみなした。ここでいう「模倣」は、『国家』におけるプラトンの洞窟の比喩に出てくる、感覚の対象に映し出されたものという程度の意味であり、その意味で真なる知識ではない。「模倣」が可能なことは、あるところのもの（実在）とは著しく異なって、ある対象の一つの様相や影を描くことである。それを真の知とすることには錯誤がある。つまり、ドクサ（理性による認識ではなく、それに一段劣る感覚による知覚や意見）である。とすると、詩が行っていることは、知の影を真の知であると、さまざまな言葉や表現を使って装飾していくような営みなのである。

プラトンは二つのタイプの人間がいることを指摘している。愛知者と見聞愛好家である。両者は知的なものを好むことは同じである。しかし、その知というものの中身が異なっている。もちろん愛知者とは哲学者であり、彼らが求める知は真実在である。対照的に見聞愛好家は、見たり聞いたりすることを好み、美しい行為と事件に精通し、美と言われていることのうわべや形に愛着を寄せる。そのため、見聞愛好家は見たり聞いたりしたことのありふれた知識、多くの人々が信じやすい正義や他のことについて雑多なありふれた理解をしている。愛知者の美や正義がいかなるものか探求しようとするのと比較すれば、見聞愛好家の態度とは確かに異なるだろう。

詩人は神の言葉の媒介であるが、当の詩人はソクラテスにその内実を説明することはできなかった。つまり「知ってるつもり」であった。プラトンから見ても、見聞愛好家もまた「知ってるつもり」でしかないのである。よって、詩人の「知ってるつもり」の言葉を傾聴し、「知ってるつもり」の民衆を拡大していくことを肯定することはできないのである。

この見聞愛好家は現代社会でも多々見られる人間類型のように思われる。マスコミやネットの報道や主張を見たり聞いたりすることを愛好し、自らの吟味なくして自身の意見のように振る舞う人物というのは、現代社会でもよく見られるのではないだろうか。現代もプラトンの時代もそう変わらないのだろう。プラトンが批判する熱狂的な見聞愛好家は、きれいな音、色鮮やかなうわべの形や、それからつくられているすべてのものを気に入っている。現代社会であれば、この変形として人気のあるもの、話題のものといった項目を書き加えていけばいいのかもしれない。

ソクラテスが世論をまったく気にしない人物であったことが思いだされる。

そして、当時の詩が、現在われわれがイメージする詩とは異なっているという問題がある。詩には何か真実が宿っていると、われわれは素朴な実感をもっている。日常忘却してしまった世界のあり方が、その詩のなかにあり、その詩を読むことによって見いだされると。詩は普遍性や永続性の存在を垣間見せると思わせてくれる。しかしながら、このような芸術観をソクラテス／プラトンの時代の詩に適応していいわけではない。

当時のホメロスを代表とする詩とは、その物語のなかに含まれる教育的な要素を伝達することに貢献するものであった。ホメロスの叙事詩は当時の人々のための教育、道徳、法が描かれていた百科事典なのであった。よって、当時の詩人は芸術家であり、詩は芸術作品であるという考えを捨て去る必要がある。二次的な意味での芸術家という程度の意味はもっていたが、詩人とはギリシャの教育制度の中核をなす集団であり、集団の公法と私法、社会的しきたりと工芸技術文化装置を保存し、伝承する中心的存在であったのである。つまり、ホメロスの叙事詩は一種の教科書であり、文化的情報の宝庫であり、韻文で構成された百科事典なのである。

つまり、詩もまた「覚え書き」なのであった。プラトンが詩人を攻撃した理由は、詩は慣習的でドクサを含み、慣習的であるがゆえに自ら考えるということにつながり難いからである。詩自体が百科事典的な、教科書的な知識であるとすれば、それを鵜呑みにすることに問題があると見たからである。それは見聞愛好家と同じ姿勢なのである。当時の詩は、多くの警句やことわざ、ある状況ではどのように振る舞うべきか、あるいは振る舞ってはいけないのかという規範的な事例、実際に行われた判例、先祖がどのように考えていたかの伝承、これら文化の蓄積としての知識によって構成されている。詩は伝統的支配を貫徹する機能としての「覚え書き」メディアであったのだ。そして、この百科事典であり教養（パイディア）である「覚え書き」どおりに人々は、行動すれば正しいとされたのである。(6)

詩は支配機構や指導者と社会管理のための道具なのであり、これこそ〝正しき〟ソクラテスを死刑にしたメディアでもあったのだ。ソクラテスが駆使するオールドメディアである話し言葉は、確かに肯定されるものとして描かれている。と同時に、オールドメディアである詩に対して徹底的な批判を行ったのは、プラトンの愛知者としての姿勢として必然でもある。旧来権威への寄りかかりがここにあるわけがない。このような詩に対するプラトンの姿勢から見えてくるものは、音声の文字に対する優位とは異なる水準での論理であり、その帰結である。プラトンの詩批判にも「よく生きる」が組み込まれているのである。

第八章　プラトンのメディア論（三）――メディアは何でもかまわない

一、脱音声中心主義者としてのプラトン

プラトンが話し言葉をオールドメディアであることから、書き言葉より優れているとしていたわけではないことは確認してきた。と同時に、話し言葉、語ることこそが真のコミュニケーションであるかのような音声中心主義は、確かに根強いリアリティをもっている。ネット上でコミュニケーションした場合と眼前の人物とコミュニケーションした場合、われわれは後者を〝本来〟のコミュニケーションであるとする傾向をもつ。それは、歴史的に先に生み出されたコミュニケーションであるということがつくり出すリアリティなのかもしれない。

そして、このような見方、書き言葉に対する話し言葉の優位、現在そこにある声の特権化がすなわち音声中心主義である。日常世界の背後に真理があり、それを言葉でとらえられる、あるいはロゴスに真理一般の根源を割り当てることを可能とすることをロゴス中心主義という。声が真理を供給可能とするメディアであると考え、声と存在との絶対的な血縁関係を見るものであるか

ら、あえていうならば、ロゴス現前主義ともいえる。

よく知られるように、このようなロゴス中心主義、そしてそれと手をつないできた音声中心主義が忘却あるいは抑圧してきたエクリチュール（文字、書かれたもの一般）を明るみに出すことを企図したのがデリダであり、その方法が脱構築でもある。パロール（発話、話し言葉）がパロールであるためには、パロールがパロールであるとする準拠枠か対照的存在が必要であり、本来それをエクリチュールというのであり、単純に書き言葉とするのは誤解を招くおそれがあるので慎重な議論が必要ではある。そのような概念定義を前提として、デリダはエクリチュールがパロールの二次的な「表象・代理 representation」であり「代補 supplement」であるとの西洋哲学の前提に対して、根源的な問い返しを行ったわけである。[1]

そして、第六章一節で取り上げたように、ソクラテス／プラトンの文字批判、書物批判は話し言葉の優位と現前性に価値を見いだす議論であり、西洋形而上学として批判されるのである。書き言葉という視覚的に固定された文字によるコミュニケーションは、話し言葉のなかでは生き生きと現前している唯一の意味を生み出すことが困難である。その意味で、書き言葉は生きていないのだから、死んだ言葉である。そのため、ソクラテスは、書き言葉はさまざまな解釈や誤読を生み出すことがあるので、話し言葉より劣っていると決めつけているという。しかしながら、文字や前章三節で取り上げた詩は「覚え書き」にすぎないのだから、生き生きとした唯一の意味、つまり真実を告げることができないということになる。加えておくと、目の前で雄弁家が語ることもまた、多くは「覚え書き」と同質であった。これは、逆説的にパロール（話し言葉）であっても、真理を現前させるとはかぎらないことを意味する。

音声中心主義をモデルとすると、パロールにおける言葉の観念性が強調され、送り手と受け手の間で一つの観念が、単一の意味として破損や劣化などがなく届くと考えられている。それと対比して、エクリチュールをモデルとすると、言葉の物質性に焦点が当てられる。そのため、物質的基盤をもつエクリチュールは、その物質性がコミュニケーションの基盤でありながら、透明な伝達の障害となるため、複数の解釈が可能であったり、破損や劣化、ときにはバラバラになったりするとされる。

しかし、パロール（話し言葉）もまた物質的基盤をもつのである。声は空気や身体という物質性を必要とする。こう位置づければ、音声中心モデルはエクリチュール・モデルが大成功した特例であるし、プラトンが批判した雄弁家も詩も他者とのコミュニケーションにおいて、破損や劣化があるのは必然である。これまで話し言葉と書き言葉の両者のちがいを強調してきたわけだが、両者共に破損や劣化を必然とすることから、同質性をもつともいえる。

さて、ソクラテスの語ったことをそのまま受け入れるなら、「覚え書き」否定論は成立するように思われる。しかしながら、真理の生成とは無関係な「覚え書き」を、なぜプラトン自身が書いたのかという問題に突き当たってしまう。

当たり前のことではあるが、重要な事実を確認しておこう。ソクラテスは語り、書かなかった。

と同時に、プラトンは語らず、書いた（じつはプラトン自身は対話編のなかで発言することが一度もない）。プラトンは書き言葉でソクラテスの話し言葉を残したという厳然とした事実があることを。

これほど文字や書物について問題があることを知っている人物が、そして、ソクラテスが「よく生きる」を手放さなかったように、「真理とは何か」についてイデア論を人生かけて構築した人物プラトンが、真理の生成と無関係なことをするということはありうるのだろうか。

そして、われわれはソクラテスが語り、それをプラトンが書いたということを観察している。プラトンが書いた著作のなかで、文字や書物は否定的に扱われているが、同時に、その否定されている文字や書物を書くということをも、われわれは観察してもいる。とすると、行為として文字や書物を書くことを肯定していると、われわれは解釈することもできる。そもそもわれわれは「よく生きること」に引っ張られて生きているのであるから、プラトンが文字や書物を書いたことは、泥棒することが暫定的によいこととした以上に（第七章一節参照）、善であるとは考えられないだろうか。

ここにはコミュニケーションと同時に、観察の二重性／階層性がある。発話行為論で知られるオースティンは言葉によるコミュニケーションには、コンスタティヴな水準（文字どおりの意味の伝達、事実確認的用法）とパフォーマティヴな水準（特定の状況に応じた意味、行為遂行的用法）があると考えた。コンスタティヴな発言とは、何らかの事実を言葉にすることである。これは真偽が問われる水準にある。それに対して、パフォーマティヴな発言とは、それをいうこと自体が行為であることを意味している。例えば、飼いはじめた犬に名前を付けるとき、「この犬を○○にする」と発言するならば、犬の命名という行為になる。このとき問われるのは真偽ではなく、適切かいなかということである。犬に突拍子もない名前を付ければ不適切と判断されるわけである。もちろん、「この犬を○○にする」との発言内容自体がコンスタティヴな意味である。このような発話行為論はオースティン以降批判作業が加えられていくが、その含蓄は人が何らかの内容を述べたとしても、それを述べながら、それと別な何かを伝えていることにある。(2)

この理論をソクラテス／プラトンの文字、書物のメディア論にあえて簡略化し援用してみよう。

・コンスタティヴな水準：文字や書物はよくない
・パフォーマティヴな水準：それをプラトンが書物にする／文字や書物はよい

このように整理すれば、「それをプラトンが書物にする」ことが適切かいなかが問われればいいのである。プラトンは話し言葉をただ肯定したわけではなかった。話し言葉であっても、「覚え書き」として機能すれば、それを批判もした。もし「覚え書き」として機能するだけではない文字や書物であれば、「それをプラトンが書物にする」ことは適切な判断になるのではないだろうか。

プラトンはソクラテスが対話している現場を書いた。話し言葉、対話する現場、書き言葉、書き言葉を読む現場は幾重にも重なり合い、その重心は読み手によって移動する。ソクラテスが言及していないことも、プラトンが書くことによって示されてしまう。それだけではない。プラトンは『パイドロス』だけを著述したのではない。数多くの「覚え書き」たち、著作を残していることは周知の事実である。俯瞰し、この単純な事実をパフォーマティヴな水準に据え置けば、プラトンはニューメディアである文字を、書物を肯定していることになる。少なくとも、文字や書物の可能性を考慮している。

内山勝利によれば、ソクラテスの文字、書物批判について、「書く」と「語る」の二分法は廃棄されるという。また、プラトンが著作という営為を全面的に否定しているのではなく、著作に関する書き手の対処という問題があることを指摘している。(3)

それは「言論を語るにせよ書くにせよ、それが立派なものであるか恥ずべきものであるか、という問題についてはどうだろうか。どのようにそれがなされれば、非難されてしかるべきであり、またそうではないのか(4)」という『パイドロス』のソクラテスの言葉から導きだされる。これは、先に取り上げた話し言葉を使う詩や雄弁家と書物、つまり音声と文字のどちらであれ、言葉には同様の破損や劣化があることを前提にして、ソクラテスが「立派なもの」としての要件を議論の俎上に載せようとしている場面である。

このように見ると、音声と文字のちがいを強調し、プラトンがニューメディアである文字および書物批判をしてきたとの議論に対して、プラトンがパフォーマティヴな水準で、文字や書物を肯定していることを見てとれる。つまり音声の文字に対する優位を主張する音声中心主義は、プラトンに関しては不十分な理解なのだ。じつは音声と文字両者はある論理から吟味される。それはロゴスであり、対話である。

二、「覚え書き」の対話原理

プラトンほど深い考慮をしたうえで著作をしたものは少ないはずだろう。なぜなら、師ソクラテスの「覚え書き」論を間近で見つつ、その意味について自らの内で対話した人物だからだ。それゆえ著述する際、その著述方法を洗練させ、言葉を見事に操ることができたともいわれるのである。その洗練の先に、「覚え書き」がもつ有効性と限界にもっとも自覚的であったことは容易に想像できる。

ソクラテスの「覚え書き」論要約のとおり、「覚え書き」が無知を助長することにつながることが問題視されている。想起では自らの内から呼び起こされる知識が生じる。しかし、「自分本来のものではない目印の外から」では、真の知識とは言い難い。それこそ「覚え書き」の機能に他ならない。よって、「覚え書き」は想起ではない。書かれたものの内容について、すでに知っているものに思いださせる手助けなのである。

著作はこのような価値をもつが、プラトンはこれをパイディアー（遊技）であるという。パイディアーでは相応しい相手が見つかれば、知の種蒔きになるともいう。この限定的なパイディアーとしての著作の可能性を追いかけたものが対話編なのだ。ゆえに、対話編は相応しい相手であれば、知の種蒔きが可能なメディアである。

と同時に、パイディアーの自覚を欠いた著作は著作として無知である。よって、読者は知の種蒔きになるよう、文字情報の集積を「覚え書き」へと知的な水準を一段階あげる精神が求められる。つまり、「目印の外」を一方的に受容するのではなく、パイディアーではあるが、自分自身の内から想起される知の生成現場になりうるような姿勢が要求される。微妙なちがいに見えながらも、想起とのちがいが浮き彫りになる。書かれたものによって、われわれの内なる吟味が胎動してしまう。その可能性こそ「覚え書き」なのである。

同時に、相応しくない人には、「覚え書き」を読むことが「哲学的認識伝達」へとつながると考えるのには無理がある。いくら言葉に技巧を凝らそうと、あらゆる角度から説明したとしても、言葉を受け取ることが不可能なことは多い。第二章で取り上げた『バカの壁』のように、話せばわかるというわけではない。

このように「覚え書き」の可能性を確認したとしても、それは「知の秘訣」というわけではないし、読み手にドクサとしての知が紛れ込んでいることを忘却させることもある。知それ自体はマニュアルのように、それを守ればよしとするような形骸化した形式にはなりえない。書かれたものは、可能性として、読み手にとって、自らの、あるいはそれは他者のものでもいいのであるが、知の胎動過程の足跡であり、それでもやはり目印でしかないのであり、知そのものではない。だから、著述されたものは知ではないのである。

知は書かれたもの、モノとしてあるのではない。知は固定化されたものとして理解される情報ではないし、機械情報（四四頁）なのではない。つまり「覚え書き」論とは、言葉では知それ自体にはならないという確認があり、言葉の無力さの自覚がある。考えることと覚えることはちがうという自覚でもある。

それでも著作の意義は一部のものには確かにある。ただしそのためには、「わずかな示唆を手がかりとして、自分で真理を発見する力を備えて」いなければならない。つまり、話す、書くという言語行為においては、聞き手・読み手・受け手の包容力を考慮する必要があるわけである。一つの語によって十の意味がわかるというコミュニケーションもありうるからだ。これは言葉の可能性の自覚である。

「覚え書き」はこうして真理発見過程としての「手がかり」として、想起を手前に引き寄せている。著作を悪しきものたらしめるのは、「覚え書き」の本性について、著者が無知と誤解にあるからなのであり、プラトンの著作への思慮深さが「覚え書き」の可能性を救い出すのである。つまり、「覚え書き」とは、真理伝達のために「ふさわしい魂」へと賭けを行うメディアだともいえる。プラトンから二四〇〇年経つ現在、われわれが「ふさわしい魂」であるならば、賭けは成功することになる。また、本当の哲学は親しいもの同士間でのみ可能であるとプラトンはいうのであるが、その関係性こそが「友愛」であり、時空を超えた真の「友愛」が「覚え書き」論とつながりもするのである。

対話編という形式は、ソクラテス自身が人々との対話、問答を第一義的活動とし、そこで生成する哲学という活動の貴重な意義をプラトンが感得したことから生み出されている。よって、この対話、問答の場面をできるだけ臨場感を失わず、世に伝える手法であるといえるだろう。ちなみにプラトンの前期作品ではソクラテスは積極的に一定の見解を提示する傾向が強く、中期以降は吟味によって相手の見解の行き詰まるところへ導く。もちろん、ソクラテスが語る主要な思想は同時にプラトンの思想である。特に後期になると、一問一答式の対話であるより、切れ目の長い論述による見解が述べられている。また後期の方はプラトン自身の教説が提示されているという。

とすれば、ソクラテスが登場し対話という形式をとる必要はあまりないように思われるが、対話編という形式に固執した理由は「基底としてのソクラテス」があったからである。ソクラテスならどのような反応をし、言葉を紡ぎ出すのか、プラトンがそう考えて書いていくというのが対話編という形式であり、それはソクラテスの哲学をソクラテス自身が語っていなかった領域にまで拡大しながら、哲学を発展させていく必然的方法なのであった。

プラトンは人間の思考の本質を「魂の内なる対話」と規定する。この本質を藤沢令夫は「ロゴスのディアロゴス性」（言葉の対話性）という。つまり、私たちが存在するその根底にあって、自分自身を分節しつつ、常に働いている言説化不可能ではあるが、存在しているとしかいいようがない力がある。人間が思考するときには、必ずこの「ロゴスのディアロゴス性」がうごめいている。「魂の内において魂が自分を相手に声を出さずに行う対話」を思考という。言葉を語ることは、対話であっても、独語（内心の声）であっても、その言葉を自分自身で聞き、他人がそれに反応するように反応することだ。考えるという行為には、内心の声であっても、他者との対話であっても、かならず対話性が組み込まれているものなのである。(5)

対話編という形式は「ロゴスのディアロゴス性」を表象化するメディアなのであり、仕掛けなのであった。話すこと、書くこと、読むこと、その基底にあるものがロゴスであり、それはディアロゴス（英 dialogue）性を内包している。考えることはすなわち対話であり、その基底には「ロゴスのディアロゴス性」がうごめいている。それは「覚え書き」との関係においても、それを漫

右ソクラテス、左プラトン。この絵は一三世紀の写本画である。ソクラテスが書き、その背後にいるプラトンが指示しているように見える。なぜ、このような絵になったのかはわからない。しかしながら、われわれの想像をかき立てることは確かであり、文学者ブランショ『彼方への歩み』や、ブランショを受けて、哲学者デリダ『絵葉書』が、この絵についての解釈を行っている。書かないことが、文字の欠如が、書くことをあらかじめ運命づけ、書くことに向かい、プラトンの介入がはじまってしまっている、とブランショはしている。

然と受容しているのではなく、対話が必然化している態度においては思考が生み出される可能性があることにもなる。そこに「ロゴスのディアロゴス性」が現実化しているかいなかが問われる。話し言葉も書き言葉も、あるいは内なる言葉でさえも「ロゴスのディアロゴス性」がうごめく。それが知の原理である。さらに、ソクラテスとは、プラトンにとって、このようなロゴスの具体的現れに他ならず、よって「基底としてのソクラテス」が成立するのである。ソクラテスとは「魂の内なる対話」を外部化したメディアなのである。

対話は複数の人々のコミュニケーションにのみ存在するというわけではない。スレザークは「魂の内なる対話」に関わって、想像上の人物との対話の哲学的意義を二つあげている。一つは、「魂の内なる対話」が基本的に対話的問答的であることは、孤独な熟慮もまた共同的な知であること。二つ目には、実際に対話相手がいないとして、仮想的な対話相手との合意であること。これは、特定状況と特定対話者への依存を要求するものではないのである。(6)

われわれの思考そのものが対話的であることの自覚がここにある。そのことを「魂の内なる対話」という。個そのものが対話構造を有している。個そのものが他者性をもつのであるから。思考は本来的に対話である。

われわれの想念、考え、そういう知それ自体は心の内に動くものだが、そのままでは決して言葉にできない。このような知のあり方を内山は「知の飛び火」として紡ぎ出している。「問いと答えを重ねつつ吟味論駁がなされるならば、そのときようやくにして、それぞれの事柄についての思慮と知性が輝きを発して、人の身にかなうかぎりのところまでその光明を及ぼすのである」。ただし、すでに明らかにされたように、対話による共同探求とは、外なる言葉のやりとりにおいて「問いと答えを重ねつつ吟味論駁がなされる」過程を介して、むしろ各自の「内なる対話」としての思考を呼び起こし、主体的、内発的な判断をより正しいものに高めていくことであった。その意味において、光明は「学び手の魂」の内から輝き出るのである(7)。

対話は対話者間において、真に「共有されたもの」との合意を生成する。対話する一方は、先入見、既成概念、ドクサなど自由に語ることができる。しかし、当然それらは真理ではないゆえに、真理を希求する対話者同士の間で排除される。このプロセスを通じて合意が「共有されたもの」として胚胎する。これが真理生成の方法である。読み手である私たちもまた、「覚え書き」である著作に対峙し、その対話のプロセスに参加しつつ同時に合意する。読書が擬似的な参加であるにもかかわらず、真理生成と共有の現場は開かれてしまうのである。

なぜ対話し問答をし続けるのだろうか。それはソクラテス哲学の起点である無知の知が手放されることがないからでもある。いま対話し、ある教説が胚胎してきたとしても、さらなる吟味の用意があるがゆえに、つまり無知の知を自覚するがゆえに、対話は継続する。対話という言葉には他者との関係が付随している。

しかし、先に「ロゴスのディアロゴス性」を考察した際言及したように、対話は内心の声にも存在している。つまり、対話とは素朴な言い方をすれば、すなわち「考える」ことに他ならない。このソクラテス／プラトンの方法は「よく生きること」を目的とするために生み出されたものである。とすれば、「よく生きる」の内実を明らかにするのは非常に困難ではあると思われるが、その内実の片鱗が垣間見えるともいえる。「よく生きること」、倫理には、対話すること、「考える」ことが、必要条件としていま発見されたことになる。

三、メディアとは「覚え書き」である

これまでの議論から、プラトンにおいては音声中心主義であるよりも、声と文字の二分法を超えた対話原理が確認できるし、同時に、言葉というメディアが有する矛盾的な論理も見てとれた。言葉を媒介とした知の享受の不可能性の自覚、伝達不可能性の表明があった。これは言葉への不信表明であるというよりは、現実把握である。では、どうして知は成立するのだろうか。知とは何なのであろうか。結局のところ、言葉によって名付けるしかないのであり、言葉に依存するしかないのである。そして、その基底にロゴスや「ロゴスのディアロゴス性」をわれわれは発見した。これは神秘的体験などではなく、これこそが実在であるということでもある。

さて第六章での疑問に対する解答が明確になってきたようである。旧メディアである音声でのコミュニケーションを行う《あるべき主体モデル》とは水準の異なる、つまりロゴスと対話こそがソクラテス／プラトンに見られる《あるべき主体モデル》を構成しているといえる。なぜなら

対話こそが「よく生きる」の必要条件であり、当為としての一側面であることは確かだからだ。

第六章で取り上げたように、荻上は有害メディア論としてソクラテス／プラトンの「覚え書き」論を批判したが、このようにソクラテス／プラトンの哲学を吟味すれば、正直無理がある。有害メディア論が流言の構造をもつことからすれば、ソクラテス／プラトンの「覚え書き」論もまた、流言の構造をもっているはずだ。流言は情報の曖昧さや不足から生じ拡大するという特徴をもつ。しかし、ソクラテスほど情報の曖昧さや不足を許容せず、永続する対話を行おうとする知性はいないはずだ。知に対してもっとも厳しい姿勢であるソクラテスこそ、流言とは関係の乏しい人間である。

ソクラテスが世論をまったく気にしない人物であったことは対話編のなかに多々出てくるが、世論と流言の構造の同質性を鑑みれば、なおさら有害メディア論をソクラテス／プラトンに当てはめるわけにはいかない。もちろん、メディアと社会の関係を理解するうえで、荻上の有害メディア論は社会心理学的にも妥当であり、私自身もこの理論に与《くみ》するものである。このことは現代メディアの理解のために強調しておきたい。

言葉と知の不一致についての確認はなされた。いま議論している有害メディア論に即せば、情報という「覚え書き」の曖昧さや不足に関わる。それをただ強調することに意味はない。なぜなら、言葉による意味の確定と知の成立には相補的な関係があるからである。言葉が写し取っているのは、関係性でありつつ、その関係性へのドクサである。言葉は他者との共同性があるゆえ、おおよそ意味を通じ合うことができるが、と同時に、言葉の意味は、言葉の成立過程において対話する人物が提示したドクサとの関係性において規定されるとの見かけを構成する。

だからこそ、ニーチェがいうように、同じ木の葉はないにもかかわらず、木の葉という概念が成立することに鋭い批判が向けられるのである。(8) つまり、同じ言葉を使いながら、両者の相互了解には必ずズレがつきまとう。だからこそ、「覚え書き」はそのままで一致する知などにはなりえないともいえる。

結局、対話はその内実を問えば、必ず不成立になる。ズレがあるから必然である。しかし、それこそ対話の意義である。不成立に直面し、そこで対話者同士の意味のズレにより、生きてきた意味世界が危機になる。そこで、危機を乗り越え、意味世界の共同性を確認し合おうと、対話は継続し、内なる対話が胎動する。この反復運動こそソクラテスの実践でもあった。それこそ、最初に流言があれば、対話は流言の乗り越えを志向するのである。

対話は「よく生きること」、倫理の必要条件である。また、「覚え書き」とは情報不変論的な情報概念、「機械情報」と親和的であり、情報の集積物であった。もちろん、「覚え書き」の可能性が光明を及ぼすこともあると確認したうえであるが。

とすれば、ソクラテスが文字と書物について語ったことは、原理的に「覚え書き」としての性質をもつメディアにも適応可能な理論である。そもそも言葉自体が「覚え書き」的である。新聞もテレビもインターネットもツイッターもＬｉｎｅも原理的には「覚え書き」である。総じて、メディアとは「覚え書き」なのである。

「覚え書き」はそのまま知ではないし、スマートフォンを漫然といじっているだけでは、対話にはならないし、知が生み出されるわけでもない。一般的な文脈として、情報をそのまま知識とする風潮になっているわけだが、「自ら探求することなしに情報通となる」「うぬぼれが発達して、つきあいにくい人間」となってはいないか、反省してみる必要があるだろう。なんとなくＹｏｕＴｕｂｅという「覚え書き」を見て、いつの間にか時間だけが過ぎていたとすれば、それは「よく生きること」だろうか。

しかしながら、これら「覚え書き」もまた、全一的な知を求める努力の遡上にのり、対話を具体化していくとすれば、やはり意義あるものにもなる。「声の文化」と「文字の文化」のあり方で見たように、メディア論にはメディアによって人々の意識や身体が組み替えられ、社会の変容を観察する方法意識が組み込まれている。つまり、各メディアのちがいと意識、身体、社会のちがいを相関するのだが、いま「よく生きる」との倫理を前面に押し出せば、メディアのちがいは後退する。暴論かもしれないが、「よく生きること」において、メディアなど何でもいいのである。メディアと対峙しつつ、対話が作動し、考える営みになるなら、そこに倫理の可能性が胚胎しているからである。そのうえで、われわれはメディアが、あるいは「覚え書き」がもつ力学に翻弄される。そのことをソクラテスが意識していたように、メディアが対話に役立ち、あるいは意味を考慮した知そのものに役立つ技術であることが重要になるのだ。

ところで、メディア社会、高度情報化社会、グローバル社会などメディアの進化を組み込みつつ名付けられているわれわれの社会は、対話へと向かうことを要求したり、対話を当然とするような社会なのであろうか？　それとも、対話には向かない、対話を回避するようなシステムを組み込んだ社会なのであろうか？

第九章　活字人間の誕生――ルターは聖書を読んだ

一、大量生産技術としての活字

近代とは、中世における封建制や共同体のあり方が市民革命や産業革命によって解体し、一七～一八世紀頃に西欧に出現した新しい形態や構造をもつ社会のことである。しかしメディア論からすれば、産業化とはマス・メディアを生み出す情報革命をもう一つの顔としてもっている。その重要な転換点が、一五世紀半ば、グーテンベルクによる活版印刷術の発明であり、ルター（一四八三～一五四六年）の宗教改革である。

グーテンベルク以前、文字コミュニケーションは写本という手書き文字によって行われていた。中世では、司祭のなかにも聖書を読めない者がいたほどリテラシー普及率は低かった。しかし、修道士が写本を作成し、専門のものたちが生み出されていく。制作するものが増えるということは、当然だが、それを使うもの、本を読むものも多くなる。そこで生み出された技術がある。黙読である。

黙読は読書が発展したことによって生み出された技術である。四世紀『告白』を記したアウグスティヌスは、ミラノ司教が行う習慣を奇妙な習癖であると述べている。その奇妙な習癖とは、本を読むとき、目で文字を追い、心のなかで意味を探ること、つまり黙読である。

では、読書とはどういうものだったのかというと、文字を読める人が本を読み、その周りに人々が集まって聴きいる。いまであれば、朗読会であり、みなで言葉を分かち合うものであった。読書は内面世界に浸るような行為ではなかったのである。中世になってから、黙読が聖職者たちに広がるようになり、本を読み聞かせる読書とは、異なる経験であることが意識されるようになる。つまり、黙読によって、外の世界を遮断した個人の内面世界の探求が始められたのだ。しかし、この読書による内面世界の探求は危険を内包していた。特に教会は読書を通じて異端思想を受けいれる人々が出るのを恐れ、本自体を脅威とみなしていた。と同時に、本自体が希少性の高いものであるため、多くのものが一人、本を読むということが習慣化されることはなかった。本を読むことが、権力と対立することであることの最大の歴史的出来事が、後で取り上げる宗教改革である。

まず写本が日用品と同じになり、そして印刷物が広がると、人々は本に頼りだすようになる。記憶しておくより、そのつど文字を追いかけた方が楽だからである。そうすると、本を読むことが習慣化していき、誰か物語を記憶しているものに朗唱してもらう必要はなくなる。写本の時代であれば、気の合う仲間同士で誰かが声を出して読めばいいわけである。そこには、少しだけプライベートな空間が見えている。グーテンベルクが活版印刷術を発明して半世紀も経てば、多くの本が印刷され、しかも手にしやすい小型のものが出回り、個人で読むものたちも多くなってくる。そういうとき、声を出す必要もなく、黙読という技術が広がる。小型の出版物とは大量生産を目的とした技術革新であり、黙読はこの技術に適応した社会的、身体的な技術であった(1)。

手書きの文字と活字には大きなちがいがある。手書きの文字によってつくられた文書は数が限定され、読者も限定されてしまう。しかし、活版印刷術では、同じ文字を大量に生産することができ、大量の読者を獲得できる。ここに、近代的な大量生産の原型を見いだすことができるし、マス・メディアが誕生する基盤になるのである。活版印刷術は油性のインクや木製の手押し印刷機を利用し、鋳造された金属活字を使い、組み替えを利用し、効率的な印刷を行う。一定の基本的な部品を組み立て、製品をつくりあげる大量生産の原型がここにある。印刷所は学者、印刷者、職人などが協働する場所となり、成長しはじめた市場経済と結びついていく。言葉そのものが商品となり、ここに新しい知の生産システムが生じる。およそ二〇〇年待たなければ、産業革命にはならないが、印刷メディアはその先取りであった。

いまや本は一部ずつ書き写していく時代ではなくなった。不特定多数の人々に向かって、一度に伝えることが可能になる。一五〇九年に『痴愚神礼賛』を書いたエラスムスは「世界初のジャーナリスト」と言われるが、その命名は印刷物にすることをはじめから前提にして書きものをしたとの意味を含んでいる。

最初のマス・メディアは聖書である。読み書きが限定されている社会では、読み書きは特殊な集団に限定された。中世西欧では、修道院の写字生や写本装飾師が手書きで聖書を写す技術者であり、聖職者が読書集団であった。当時、「神の言葉」は聖職者の独占物であり、一般民衆とは、彼らが読み聞かせるための聴衆であった。エジプトのファラオなどをイメージすれば、古代国家においては祭政一致であり、政治と宗教は分化してはいない。しかし、国家の発展は両者の機能分化を促し、国家の指導者と宗教の指導者を分けていくようになる。それでもなお、中世ヨーロッパの王権神授説のように国家と宗教の関係は密接である。この時代において、文字は聖職者や権力者側が所有するものであり、一般民衆は読み書きをできなかった。活版印刷術によって、このような状況は変容する。

一五世紀半ば以降、西欧では大学制度が確立され、都市部に写本制作のための書籍工房が見られるようになると、読者は聖職者に限定できなくなっていく。そして、一般読者への拡大は活版印刷術により加速化する。そこで読まれたものが聖書である。ちなみに聖書をラテン語で記すと「biblia」であるが、元来、本を意味する。印刷された聖書によって、民衆は神の言葉と直接つながり、信仰生活を行い、同時に聖書を読んでいるものたちを想像することによって、見えないつながりを意識するようになるのである。ここに印刷メディアを媒介とした共同体意識を観察することができる。

宗教改革は国家と宗教の関係を変容させる。宗教の力は強いが、国家には国教という権威が強力に結びついていた。しかし、宗教改革とは国教とは異なる宗教を認める運動でもある。そのため、数多くの宗派を認めなければならず、宗教が多元化していくことを止められなくなっていく。他の宗教を認める、個人の信仰を認める、これが信仰の自由であり、近代に先駆けた自由でもある。かつて、キリスト教の教えは聖職者の声によって民衆へと伝えられたが、いまや聖書という書物と個人で向き合うことができるようになった。その意味で、声と書物との関係の組み合わせが多様にもなり、信仰は各人の自由にまかせられるように見えていくわけである。そして、国家の公教育から宗教教育が徐々に失われていく。なぜなら、国家が公教育として特定宗派のみを認めては、信仰の自由に抵触するからである。このような国家と宗教の分離を世俗化というが、宗教改革と印刷メディアが表裏一体となり、推進したのである。

一六世紀ドイツの宗教改革では、ドイツ周辺の異端運動がキリスト教を根底から揺るがしたが、その要因の一つとして、主導者ルターのメディア戦略があった。アイゼンステインは、西欧キリスト教世界の分裂が印刷メディアの力なしには起こらなかったと指摘している。いわゆる免罪符(贖宥状)をめぐる宗教論争は印刷術を利用した広報活動を背景としており、わずか一ヶ月ほどで西欧全土に広まった。また、大量のパンフレットや小冊子による宣伝活動が効を奏したのであった。(2)

二、新聞と「活字人間」

印刷メディアとしての聖書は、マス・メディアとして機能した。しかし、新聞こそがマス・メディアという概念に実感を与えていく。近代的新聞の原型は一六世紀半ばまでさかのぼることができるが、一九世紀半ば以降の日刊新聞においてジャーナリズムが活性化し、この大衆新聞のイメージがマス・メディアのイメージになっていく。

さて、宗教改革を起源に宗教の多元化がヨーロッパで起きたが、新聞が発行される時代になると、科学的合理的志向の発達が宗教をより弱体化していく。つまり、世俗化の第二ステージ、本格化が生じる。公的な場面から宗教は後退し、宗教は自由に選択するもののように見え、各人の好みの問題と見えてもおかしくない状況に置かれている。その代わり、かつての宗教ほどの強度をもたないにしても、国家が「想像の共同体」として実体化したり、生活全般について科学的合理的志向が力をもつようになる。新聞という活字は、見かけ上まさに合理的言説の生産拠点となっていく。

新聞は人々に遠い世界の情報に興味を抱かせ、ニュースを消費させる。そもそも民衆の言葉は多種多様であり、各方言に合わせていたのでは能率も悪く、市場規模の拡大は困難となる。印刷メディアは民衆が使う俗語方言を統合し、ついには国語（標準語）が制覇するにいたる。市場として魅力ある固定された言葉の〝発明〟こそが、遠い世界の出来事を理解させてくれるマス・コミュニケーションには必要であった。しかも、新聞は毎日反復され、この人々の意識を強化したのである。ここに宗教共同体や王朝といった前近代的な共同体とは異なる、国民という一つのイメージが結実していく。その意味で、国民とはイメージとして心に抱かれた政治共同体の成員なのである。国家とは「想像の共同体」なのだ。見ず知らずのものたちでさえも、新聞によって同じ出来事を知ることで、知識が共有され、この事実の共有が同胞意識を生み出す。ここにナショナリズムの起源が見られる。

つまり、同じ言葉を話すもの同士が人為的につくられ、連続的な土地を国境によって分け、その内部を国家として所有しているというイメージが、強烈にリアリティをもつ社会が成立したわけである。そのため、個々人の生存に直接関係がない国境を守ることが当然であるとする思想が必然化し、共有されていく。じつは個々人の生存に直接関係ないのであるから、その意識は過剰な愛ともいえる。過剰であるからこそ、国家のための死を肯定することも可能になるのだが、その守ろうとする行為自体が愛を確かめることとしてイメージされる。こうした循環運動が登場したのだ。しかしながら、守ろうとしている国家や○○人なるものは、生活世界から言葉によって恣意的に切りとられた観念である。そもそも言葉は実在しない出来事やバーチャルな物語を伝えることができ、よって目に見えない共同体を心に植え付けるが、国語という人工的言語は国家やナショナリズムを人々の心にさらにいっそう植え付けたわけである。

と同時に、新聞は近代的消費財の典型でもある。新聞は速報性を求められる。それゆえ、昨日の新聞は、今日にはすでに古びたものとなってしまう。ゆえに、新聞は毎日購入され、捨てられていく。アンダーソンはこのような新聞消費のあり方を、異常なマス・セレモニーと形容している。共同性を生み出す伝統的な礼拝は、聖書という普遍の書物を装置とする。それに対して、近代的国家という「想像の共同体」の〝礼拝〟は、捨て去られることを当然とする消費材である新聞を装置としているのである(3)。

印刷メディアは、近代的に思考する新しい人間類型を登場させた。人々の思考や感覚の様式の変化は、個人という明確な意識を生み出すのである。マクルーハンは『グーテンベルクの銀河系』において、印刷メディアの出現により、聴覚や触覚から視覚がさらに一層分離し、視覚による世界認識を発展させたと指摘する。

書くことは、音の世界にある言葉を視覚空間に置き換え、釘付けにする。本書もそうであるが、印刷では、行は規則的に並び各行の端は整えられている。印刷メディアでつくられたテキストは空間的に制御されており、機械的であり、人間の感覚はそれに適応していく。ついには、真実は目によって観察され、神ではなく、主体である人間が認識判断するものという信念が一般化されるのである。

マクルーハンはこのような人間類型を「活字人間」とよぶ。活字の作用は抽象度の高い認識を前提とし、それに依存しながら機能する。われわれの認識作用によってモノが活字により構造化され、他者との関係性にまで浸透してくる。このとき、人々は印刷メディアを通じて自らが所属する世界を理解し、翻って世界のなかで自らを個人として認識するのである。

印刷メディアが知識の構成に与えた影響は、知識の集積・標準化と社会的な記憶の構造変化である。それぞれについて簡潔に述べていこう。

一つは知識の集積について。生産量の増大による安価な書物の生産により、多くの書物を所有可能になる。これは知の方法を変える。一つのテキストを集中的に研究する注釈から、さまざまな書物の比較照合が知的作業の中心となる。例えば、実証的で技術的な図像や挿絵が複製されるので、正確に反復できる視覚情報を比較検討する術が生み出される。

二つ目は知識の標準化について。具体的な例としては、アルファベット順などの参照枠組みが一般化されたことがあげられる。そして、索引やリストがつくられ、テキストを変形させ、新たな知識をつくり出すことにつながる。そのすぐ先には百科全書がある。

三つ目は社会的な記憶の構造変化について。これは印刷メディアによって定着した記録が継続的に蓄積されることを指す。時間を超えた保存が可能であり、原型が維持可能となったことによって、人々は記憶するのではなく記録し集積するようになる。図書館とは人々の記憶の代替である。結果、正確な観察と正確な言葉が結合し、客観的な記述を行い、誰もが同じ手続きで確認できる再現可能であることを重視する近代科学の精神へと結実していくことになる(4)。

オングは、印刷メディアのテキストは閉じられているという感覚を助長したと指摘している。

印刷メディアが書物というモノになると、そのテキストははじめと終わりをもち、一つの完結した状態として認識される。そして、このような印刷メディアは一つの作品として、他の作品や著者からも切り離され閉じられていると感じられる。この傾向が独創的な著者という特権的な個人を誕生させる。いまや、書物は独立した個人である著者によって、著者の明確な最終的な姿として「活字人間」の前に現れる(5)。

かつてプラトンは「真理が人を主導するのであって、人が真理を主導するのではない」と、個の権威から距離をとっていた。言論は対話する両者の関係において生起するのであり、対話の場の成立が前提的条件である。よって、言論の資格は著者／発言者との関係からは独立している。真理は個々人の所有物ではなく、ロゴスにしたがっただけであったのだが、特権的な著者という存在がリアリティをもつようになった。

著者だけが特権的な個人として結実していくわけではない。読者である「活字人間」もまた個人という意識を醸成する。なぜなら、印刷メディアが社会に浸透するまでには、本を読む行為は誰か一人が集団に読み聞かせるものであったが、手書きの文章とは異なり、書物は小さいサイズとなり携帯可能なものがつくられるにいたり、かぎられた空間のなかで人々は一人で本を読むことができるからである。繰り返しになるが、黙読という行為はこのような印刷メディアの特性が用意したという側面をもっている。つまり、書物の所有とは言葉の所有と地続きになる論理を用意した。元来言葉は共有財産であったが、著者の権利や著作権法が具体化し、活字となる言葉は所有物になる。そして、書物の所有は一人で書物を読む「孤独な読者」を生み出し、公的な世界から隔絶した私的な空間を享受する「プライバシー」の感覚へとつながっていく。著者、そして「活字人間」の意識のあり方を見ると、印刷メディアは個人主義へと人間の意識を向かわせたといえる。

三、革命中の革命、宗教改革

一人で本と向き合うためには、一人で読書することが〝贅沢〟ではない社会状況が必要である。グーテンベルクはそのような社会状況を生み出すのに多大な貢献をした人物である。グーテンベルクが活版印刷術と大量生産を可能にしたことは、読書を通じた内面世界の探求をする人々を増やすことでもあった。彼が最初に制作した『四二行聖書』が効率的に印刷され、手にした感じも扱いやすく、人気となった。一六世紀になる頃には、ポケットサイズの本が登場し、一人で読むために適した本の形式が広がっていく。このような本の形式の変化は、読書の需要を掘り起こす効果を持っていた。

と同時に、新しいメディアに対する批判も生じた。印刷が手軽にできるため、良き内容のものではない、本とするにふさわしい内容を考慮することなく、もっぱら娯楽的な内容が出回るようにもなる。また、価値あるものでさえ、その内容が歪められ粗悪品が出回るようにもなっていく。これは一五世紀の有害メディア論である。

そして、ルターこそは当時のベストセラー作家であった。一五二二年、ルターの『ドイツ語訳聖書』は初版五〇〇〇部、二~三週間で完売、一五三四年までに八五刷、一〇万部を超えた。もちろん、それ以外にもパンフレットなど数多くの出版物を出した。そして、民衆はルターの指示にしたがい聖書を繰り返し読む。ルター版聖書は唯一性と普及性をもつ特別な本として家庭のなかに入っていくのであった。印刷物はいまや机の上に神の言葉、唯一の真理を載せるのである。

われわれは中学や高校で、「一五一七年にマルティン・ルターが宗教改革を行った」と習う。当時の教皇レオX世は、サン・ピエトロ大聖堂の建築資金調達のために免罪符を売り出す。免罪符の購入は教会のための善行であり、人々はこれによって罪を許されるとした。しかし、魂の救済は善行によらず、福音の信仰のみによると確信するルターは九五か条の論題を発表し、それに教皇庁の搾取に苦しむ諸候、市民、そして農民が呼応した。これが宗教改革の教科書的な理解である。

このような宗教改革の話を聞いて、時間的にも空間的にも遠い日本に住むわれわれは、おそらく金で罪が許されるという不正に対して、ルターが普通の信仰を主張している程度の理解をしているのではないだろうか。しかし、その程度の理解では、宗教改革の意義は見えてこない。

宗教改革は Reformation という。大文字でRが使われており、宗教という言葉は使われていない。また、革命 Revolution でもない。革命の方が改革より大きな変化を予想させる言葉であるため、その後起きた市民革命や産業革命より、宗教改革は歴史的には一段低い変化のように感じてはいないだろうか。

佐々木中によれば、宗教改革は「大革命」であり、「世界革命」であるという。Reformationとは、「世界全体に形を与えなおすこと」である。西洋中世のキリスト教を中心とした世界に、後のプロテスタント世界を組み込む嚆矢《こうし》である。東洋のわれわれから見れば同じ宗教にみえるが、じつは西洋世界が二つの宗教世界に分断されたという「形を与えなおすこと」であったのだ。実際一節で述べたように、西洋世界では近代以降、これら分裂した信仰を認めることによって、信仰の自由や主権国家が成立してきた。さらに、ウェーバーが指摘するとおり、プロテスタンティズムが資本主義を成立させたのであるから、資本主義や金融資本の発達、あるいは現在の資本のグローバル化もまた、ルターの信仰とは水準が異なっているにしても、歴史的なつながりを見ることができ、まさに世界の「大革命」のはじまりだったのである。

活版印刷術からおおよそ半世紀、書き言葉によるコミュニケーションの変革時に登場し、この新しいメディアの力学のなかでもっともダイナミックな変化の中心にいたのがルターである。ルターがそれまでのキリスト教世界とは異なる思想を育むことができたのは、印刷技術の恩恵によって読書や聖書研究をすることが可能であったからである。そして、彼の思想が教会の権威を超えて人々に伝わったのも、また印刷技術の恩恵にあった。

そして、宗教改革なる「大革命」は、他の革命とは性質が異なっている。革命はおおよそ血の流れる暴力革命であるが、宗教改革とは聖書を読む運動であるという本質をもつ。佐々木は「ルターは何をしたか。聖書を読んだ。彼は聖書を読み、聖書を翻訳し、そして数かぎりない本を書いた。かくして革命は起こった。本を読むこと、それが革命だったのである(6)」と、宗教改革の本質に単刀直入に切り込んでいる。

つまり、本は脅威の装置なのである。もちろん、印刷技術の恩恵がそれであるが、それ以上に、読書とは世界と隔絶する仕掛けであるからだ。ルターの読む営みは、世界との隔絶、既存の権力・権威からの隔絶を媒介する仕掛けとなっていたのである。読書が集団的に享受されるとき、社会や教会の権威は共にある。しかしながら、読書に没頭するとき、孤独のなかで本と対話すれば、社会から、教会の権威から隔絶し、自由に思考することができる。この自由は社会とのズレを生成し、ラディカルな批判さえ生み出す。

われわれは通常読書を、文字の連なった情報と接することからはじまると考えているが、じつは本以外の情報とは遮断されることでもある。そのような真空状態のなかで、本に書かれてあることと対峙し、本に書かれてあることを読み、そこに書いてあることを正しいと考えてしまえば、読書の外部にある社会が何と言っても、正しいものに導かれてしまわざるをえない。その言葉を生きるしかない。それが読書の、あるいは〝文学〟の倫理性である。ゆえに「本を読むこと、それが革命だったのである」。

ルターが書物となった聖書を読書するということは、このようなメディアにおいての倫理性に導かれたからである。ましてや聖書である。聖書に書かれていることをそのまま理解するだけで、当時のキリスト教社会とは対立するのは必然であった。聖書には当たり前だが、免罪符で罪が贖《あがな》われるとはどこにも書かれていないのだから。有名な話がある。ルターが街中を歩いていると酔っぱらいがいたので、「そんなことでは救われない」と諭したところ、その酔っぱらいはポケットから免罪符を取り出し、「これで救われる」と返したというのだ。ルターはどのような気持ちを抱いたのだろうか。

当時のヨーロッパ社会の精神的支柱である教皇や枢機卿であるとかは、聖書には書かれていない。皇帝が偉いとも書いていない。当時の聖職者は結婚が禁止されていたが、実際には子供がいる者もいた。しかし、聖職者が結婚してはいけないとも書いていない。

神の義とされるものは、神からの恵みであって、イエス・キリストという贈り物として人々に与えられていたものである。これが福音であり、人々を救済すると書かれているのであって、免罪符によって救われるとはされていない。彼が信仰するのは、現実に動いているキリスト教社会の論理ではなく、聖書という書物のなかの論理にならざるをえないのであった。(7)

佐々木はニーチェの『曙光』を引用しながら、ニーチェが「懐妊」「妊娠」という隠喩を用いる意義について述べている。これらは創造可能である人間状態の比喩であるが、これを読むという営みに見いだし、次のようにいう。

彼は本を読んだ、というより、読んでしまった。読んでしまった以上、そこにそう書いてある以上、その一行がどうしても正しいとしか思えない以上、その文言が白い面に燦然とかぐろく輝くかに見えてしまった以上、その言葉にこそ導かれて生きる他ない。その一行の文字の黒みの、その光に。だからわたしは情報を遮断した(8)。

読書という営みには、このような狂気がある。紙に書かれた黒い線たち、それに真実を見てしまえば、その外部にある慣習や価値観、そういった「情報」が色褪せる。目の前に繰り広げられている現実ではなく、本の方にこそ、真実があるとして、その真実にしたがわざるをえなくなる。本がもつ魔術的力だ。ましてや他人が書いたことにすぎないのだから、他人によって気が狂わされるようなものでもある。そして、読む前後でその人物はちがう人間になっていることになる。だから、読書は新しい人間を「懐妊」「妊娠」させてしまう。

メーラ出身の農民の息子が本を読む。聖書博士となる。そして本を書く。そのことによって「教皇の妨害者」となり、かくして藝術、文学、政治、法、信仰、宗教、すべてが変わった。大革命は成就した。繰り返します。彼は何をしたのでしょうか。本を読んだのです。聖書にそう書いてあるのだから、それを否定しなければ殺すと言われても、そんなことは知ったことではない。本を、テキストを読む、それは狂気の賭けをすることである。そして、そう読めてしまった以上はそれに殉じなければならないし、準じなければならない。「我、ここに立つ。私には、他にどうすることもできない」[9]。

ルターの宗教改革とは、このような読書の深き営みがもつ「懐妊」「妊娠」の具体的でダイナミックな現象化であったのだ。そして、宗教改革はヨーロッパ世界をまさに変革し、この改革によって生じた精神が、のちのち資本主義を生み出していくのであるから、近代化の出発点でもある。

われわれは本を読むことを軽んじているのではないだろうかと思うことがある。速読であるとか、効率的に読むことを頭においている傾向がないだろうか。書店の棚に、そのような技術を習得するためのマニュアル本を散見することも多々ある。しかしながら、本を読むことは、その内実に深く入り込むことであり、ときには囚われてしまうことでもある。本には魔術的力がある。なぜなら、本を読むことが革命を成就させたのであるから。ルターのように世界史における劇的な出来事ではないとしても、本を読むことが、われわれに小さな変革をもたらす力があることは信じられるのではないだろうか。

そして、ルターの聖書を読む営みは対話原理に導かれていたと考えることができるのではないだろうか。ルターは聖書を読む姿勢として「祈り」をもって読むべきであるという。聖書の言葉をその身に引き受け、その意味を感得するには、漠然と読んでいては不可能である。その言葉の意味を「示してください」「教えてください」とする必要があるとしている。読む行為とは、このような人間精神が問われる行為なのである。そして、黙想し、繰り返し読み、試練のただなかで読めとルターはいう。宗教的な教義であるからこその姿勢にも思われる。しかし、読書のなかには、このようなルターの「祈り」を求めるような魔力があるのではないだろうか[10]。このルターが読書に組み込み、必須とした「祈り」は、ソクラテス／プラトンの対話原理を想起させる論理をもっているといっていいだろう。

第一〇章　書くことは読むことである

一、読書の対話性

読書はよいことである。読書に対するそのような漠然としたイメージが抱かれているにちがいない。多くの本を読んで、多くの知識を手に入れれば、豊かな人生を送ることができる。テレビでよく見かける知識人の評判は悪いけれども、知識人といえば、多くの本を読破し、豊かな知識をもっていると思われている。ゲームをしている子供が母親から注意を受ける姿は想像できるが、子供が読書している場合、よっぽどのことがなければ、注意しないものである。このような社会意識は、読書離れや活字離れを嘆くわけだ。

しかし、必ずしも読書は肯定されるものではない。ソクラテスが文字を「覚え書き」と批判したように、一九世紀実存主義者として知られる哲学者ショーペンハウエルは、読書を以下のように批判している。

読書は、他人にものを考えてもらうことである。本を読む我々は、他人の考えた過程を反復的にたどるにすぎない。習字の練習をする生徒が、先生の鉛筆書きの線をペンでたどるようなものである。だから読書の際には、ものを考える苦労はほとんどない。自分の思索する仕事をやめて読書に移る時、ほっとした気持になるのも、そのためである。だが読書にいそしむかぎり、実は我々の頭は他人の思想の運動場にすぎない。そのため、時にはぼんやりと時間をつぶすことがあっても、ほとんどまる一日を多読に費やす勤勉な人間は、しだいに自分でものを考える力を失って行く。つねに乗り物を使えば、ついには歩くことを忘れる。しかしこれこそ大多数の学者の実状である。彼らは多読の結果、愚者となった人間である。なぜなら、暇さえあれば、いつでもただちに本に向かうという生活を続けて行けば、精神は不具廃疾となるからである。実際絶えず手職に励んでも、学者ほど精神的廃疾者にはならない。手職の場合にはまだ自分の考えにふけることもできるからである。(1)

読書は人間の主体的な取り組みであると一般的には信じられているが、ショーペンハウエルによれば、その反対である。おおよそ読書はただ字面を読んだだけで、理解したと勘違いさせる。そもそも大抵の読書といわれる営みは自分で考えていないと診断されている。確かにさっと読んで、消費されるだけということが頭に浮かぶし、ソクラテス／プラトンの文字批判を思いださせる読書論である。特に多読は、ほとんどその内容が消化されないのであり、つまり考えられないのであり、ほとんど忘れ去られるとされる。もっとも質の悪いのが知識人や学者なのだ。ショーペンハウエルは辛辣である。彼の時代には出版業は盛んになっている。出版され、人気を獲得する本は大抵悪書であり、「現代の文筆家、すなわちパンがめあての執筆者、濫作家たちが時代のよき趣味、真の教養に対して企てた謀反は成功した」と診断される。「悪書は精神の毒薬であり、精神に破滅をもたらす」のであり、悪書に群がるのは「夏のはえのような連中である」と侮蔑する。この悪書がはびこる社会に対抗する手段は、人気の読みものに手を出さないことである。そもそも流行書、悪書は三〇年も経つと、その不合理さに絶えられなくなって崩壊する程度のものでもある。よって、必要なのは読まずにすます技術である。

悪書を読むことは「いたずらに過ぎし世の戯言」を読むことにすぎず、流行思想に惑わされることである。価値のある本、良書はショーペンハウエルに言わせれば、「比類なき高貴な天才」の言葉である。例えば文学であれば、「永遠に持続する文学」である。当然、流行ではない。では、この「天才」の本を読んだからといって、その内実を理解し思想体系をわがものにできるかといえば、そう簡単なことではない。なぜなら、読者の思想体系が天才のそれに見合うわけではないし、そもそも思想体系といえるものをもつものは少ないからである。それゆえ、「重要な書物はいかなるものでも、続けて二度読むべきである」。二度目の読書は、同じ書物であるにしても、最初の読書による理解を土台としながら、「違った照明の中で見るような体験」になる。ついには、読書は著者の身辺事情を凌ぐ、著者の精神のエキスを理解するにいたる。ショーペンハウエルが読書を肯定するのは、読者が熟慮する場合になる。

読書それ自体が否定されるわけではないが、多読がもつ悪弊が強調されている。われわれは多読が知識量と比例関係にあると信じているが、知は量に還元できるものではないのであり、知それ自体ではないとの判断が見られるといっていい。

このような読書観はじつは多い。日本の哲学者も見ておこう。

二〇世紀前半に活躍した京都学派の代表的哲学者・三木清はフロベールの読書論、蔵書論を参考にしつつ、よい本を繰り返し読むことこそが読書の倫理であると指摘している。ショーペンハウエルが繰り返し読むことを主張したことと一致する。三木は繰り返し読む愛読書をもたなければ、思想や性格をもたない人物にしかならないともいう。また、民族が繰り返し読む本を古典とみなしている。

しかし、三木本人の読書倫理は異なっている。これもフロベールに依拠しつつ、多く読み、多く考え、少なく書くことである。特に言及はないが、三木もまた読者であるから、彼もまた五～六冊程度の愛読書があるということになるのだろう。ちなみに多読が許容されるのは、仕事としての読書である。つまり、学者が想定される。

三木はこのような読書論をいくつも書いている。三木の読書論の核となっているのは、「読書の精神」は「対話の精神」であるとの哲学である。ただ、三木は実態として読書が対話になっているといっているのではない。少し入り組んだ議論になるのだが、あえて要約するなら、読書なるものに終わりなき対話が組み込まれている可能性を問い続けるのである。それゆえ、実態ではなく倫理なのだ。

では、三木にとって対話とはいかなるものなのであろうか。対話には二つの水準が想定されている。まず取り上げるのは、書物に書かれている意味内実との深い関わりであり、繰り返し読み込むという実践である。もう一方が、本との邂逅《かいこう》であり、前者の前提でもある。彼の議論にはソクラテスが想定されているが、そもそも対話する前に、よき書物と出会わなければならない。ソクラテスであれば、アテナイの街中で対話する相手を見つければ、魂の導き手として、相手の力量に合わせて言葉を使い、相手を真理へと導くことができるだろう。しかし、書物となると「覚え書き」論（第六〜八章）で議論したように、当たり前だが、一方通行的なコミュニケーションである。よって、よい書物に出会うしかない。あるいは、書物のなかによい内実があるのを願うしかない。したがって、この出会い、邂逅が読書の目的となる。この未知の邂逅への期待が読書に人々を向かわせるわけである。邂逅では、読者が主体的に判断するというよりも、書物からの導きとでもいえる気づきが訪れるのを待つしかない(2)。

では、最近の読書論も見ておこう。教育学者の齋藤孝は自己形成やコミュニケーション力の基礎として読書の効用を説いている。齋藤は読書好きと読書力はちがうと指摘する。読書好きの例として、推理小説作家の作品だけを読み続けることをあげているが、これは本が娯楽の道具であるという程度の意味ととらえていいと思われる。よって、読書力は娯楽とは異なる水準にある読書によって培われるものとなる。その目安として、「文庫百冊、新書五十冊を読んだ」という読書量が第一基準になるという。ここでは推理小説や娯楽本は除かれる。文庫本は読書の習慣を作り、新書は知識情報獲得の訓練となる。これが読書力の基盤であり、自己形成やコミュニケーション力の前提である。なお、この量が読書の質的変化を起こすと経験則から指摘してもいる。

多読を哲学者は嫌っている。それと比して、齋藤の読書観は「文庫百冊、新書五十冊」をはじめ、多読を肯定しているように思われる。しかしながら、両者の表層を比較しただけでは不十分な理解になるだろう。齋藤の読書力獲得からの自己形成は、教養の重視という側面をもっている。齋藤はいわゆる岩波文庫や阿部次郎著『三太郎の日記』に代表される大正期の教養主義、ビルドゥング（自己形成としての教養）をあげており、このイデオロギー的な読書と成功の結びつきを肯定しているように思える。

ただ齋藤の場合、いまの大学生の読書量の少なさ、教養の低下という現状認識、あるいは大学での実際の指導から生じた問題意識により教養の重視が主張されている。この教養は大正期教養主義的なイデオロギーとしての教育である以上に、広く教養とされる知識と考えていいだろう。よって、多読であるというより、読書習慣の獲得、知をめぐる問いから生じる読書のためのきっかけとして多読的行動を勧めている。そもそも、読書したこともないような若者に、いきなり人生で繰り返し読むべき数冊の本を読めといったところで無理がある。ちなみに三木もまた習慣としての読書を重視している。

これまで取り上げてきた読書をめぐる議論同様、齋藤も本との対話を常識的な語り口のなかで重視している。対話という表現をしているわけではないが、「読書は、一人のようで一人ではない。本を書いている人との二人の時間である」と著者との対話としてとらえている。ルターであれば、イエスや神と対話したのであるから、その真意、真理を認識するために徹底的に深い考察が繰り返されたであろう。

また読書力という観点では、一人きりで静かに自分と向き合う時間として読書が位置づけられており、読書と孤独の関係性がやはり重視されている。そのような読書のとき、読者は「単独者」として、著者に対峙している。そのうえで、優れた著者の選び抜かれた言葉を味わうことが人間の対話とみなされる。また、このような読書は細やかな思考内容が自己の内面にまで入り込むが、そのためには自分と向き合う厳しさが要求されるという。このような齋藤の読書論は若者向きの実践編という趣が強い。しかし、それ以上に彼の読書論の核になっているのは、やはり読書の内にある対話原理である。(3)

三人の読書論を眺めてきたが、結局読書に求められるのは、多読ではなく、対話であり、自分で考えることに尽きるようである。

二、ルターの書く実践

前章では、ルターが聖書を読んだことの意義について論じてきた。また前節では、読書の倫理として対話が求められることを確認した。ルターのそれは神との対話というラディカルな読書であったが、われわれが普通に行う読書も、ルターの姿勢態度と同様の性質をもちうるものである。しかし、ルターは聖書を読んだだけではない。読んだ後に、多くを書いたのである。それは、書物のなかへの書き込みから、講義ノート、聖書のドイツ語翻訳、数多くの著作など、じつに聖書を深く読み、聖書と対話しながらも、数多く書くという営みでもあった。

ルターがはじめて聖書という書物の実物を見たのは、エルフルト大学に入ってからである。彼は神学研究に没頭する。活版印刷術がはじまってから、まだ半世紀ほどである。当然、書物は高価で希少なものであった。ちなみにルターがはじめて見た聖書は鎖でつながれ、頑丈に守られたものだった。

ルターはヴィッテンベルク大学で聖書教授となり、聖書を忠実に教えることに精力を注ぐ。ルターは活版印刷術でつくられたテキストを聴講の学生に使用するように命じたが、ルターのテキストには万遍なくといっていいほどの書き込みがなされていた。「ルターはあたかも神と格闘するかのように、脂汗を流しながら聖書を読み、学生たちに聖書を講じていった(4)」という。

その成果が外部に表出する。それがテキストであり、書き込みである。聖書を正しく伝えるため、聴講者を念頭におき、テキストと対話する。そうすると、聴講者に伝えるべき言葉の断片が頭に浮かぶことになるだろう。聖書を忠実に説明するため、読み手の力量を想像しながら。テキストの行間は広く取られており、その行間に語句の説明や注を、欄外には長い説明が記されていく。ルターは自ら書き、印刷したテキストにさらに書き込みをしたのである。つまり、自らのテキストとも対話したのだ。と同時に、書くことは読者を前提としてしまうのである。

当時、聖書はラテン語によって書かれており、ラテン語が権威ある言葉であった。そのような時代にあって、ルターはドイツ語での著作活動に邁進する。そのなかには、有名な『キリスト者の自由について』(一五二〇年)など重要な著作が含まれる。このようなルターの行動は、神学上の自説撤回を求められることと合わせて、ローマ教会法の制裁「大破門」にまで至ってしまう。それでもなお、ルターは「教皇は反キリストだと確信するようになりました」として、教皇派の書物を焼き捨てるのである。言葉に生きたルターの、実に決然とした行動であった。

権威への反逆者ルターは権力側に襲われ、連れ去られたとの噂が広がる。じつはこれは仲間によるカモフラージュであった。そこで、ルターはワルトブルク城の孤独な日々のなかで著作に精力を注ぐ。彼は「パトモスの孤島より」という差出人名を使い、ヴィッテンベルクの同僚に手紙を出している。ちなみに「パトモス」とは、聖ヨハネがイエスの啓示を受けた場所として知られる地である。

ルターの聖書読解は孤独のなかで行われた。しかし、それまでも孤独ではあったが、孤立はしていなかった。なぜなら、大学で講義するために、つまり学生のために孤独は費やされていたし、さらにルターの聖書理解を求める人々のためでもあり、そこには分かち合いがあった。この「孤島」での孤独もまた、言葉の活動を行い、ルターは人々と結びつき、分かち合いのなかにあったといえる。

ここでルターは新約聖書の翻訳を行う。中世において、聖書はラテン語であった。一般の民衆からすれば、ラテン語は理解できない言葉でしかなく、呪文のようなものとして、ありがたく受け取っていたのである。そこで、自分たちでも理解可能な言語で書き換えられることはすなわち、彼らが自らの目で理解する可能性を大幅に広げたことになる。

徳善義和によると、ルターによる新約聖書のドイツ語訳は、ギリシャ語の原文に当たりながらも、必要に応じて書き換えがなされているという。必要に応じてということは、つまり、原文に忠実なこと以上に、聖書の言葉の意味内実に、神の恵みがなんであるのか、その福音の内容をドイツ語にすることであった。ルターの翻訳は「一点突破」からの視点が聖書全体に浸透するような言葉に貫かれていた。「一点突破」とは「恵みの神が授ける『義（正しさ）』という贈り物を心から受け止めることによってのみ、人間は救われる」[5]という信仰の核心であった。これにより、イエスの言葉がドイツの民衆にもわかる言葉になった。民衆は〝直接〟イエスの言葉を体験できるのであり、熱狂的に受け入れられていく。

徳善は、ルターの翻訳の特徴を力強さとわかりやすさとして、以下のような例をあげている。

「重荷を背負う者はだれでも私のもとに来なさい。休ませてあげよう」(『マタイ福音書』第一一章二八節)というキリストのことばがある。この「休ませる」をルターは「erquicken(元気づける)」と訳した。だらりと休ませるのではない。本当に休ませて、活力を与え、元気づける、という意味である。原語を生かし、キリストの言おうとすることをしっかり汲み取った、まさに勇気付ける訳といえる(6)。

ここには読むことと書くことの深い融合があるとしかいいようがない。

結果、ルターのプロテスタンティズムは、民衆が教会に頼ることなく、自分の力で聖書を読むことに導いた。この自主的な読書習慣がその後、近代的な個人を生み出していく。と同時に、個人で読書するだけではなく、もう一段高度なメディア行動を習慣化していくことになる。書くという営みである。

敬虔なカソリック信者であっても、古書、年代記、武功物語などを収集し、それらを調べ上げながら、自分たちの歴史を書き始めるようになる。特に都市の商人は、商業書簡や自らの商売の記録をつけたりして、書くことに馴染みがあった。例えば、ヴィッラーニの『フィレンツェ年代記』(一四世紀)は大作として知られる。しかし、このように自分で調べ自分が書くと、既存権力の世界観とはズレた歴史を描くことにもなる。それとは知らずに、カソリックの信仰とはズレた世界が生み出されてしまう。ただ、ここに自らの歴史を支えにする、自立的な精神の芽生え、つまり近代的個人を見いだすことは容易でもある。

しかも、活字に対して十分な警戒心ももっていた。あくまで活字は間接体験である。商人や職人は自分の目で見たことを信頼し、実体験と間接体験を区別する。自らの目で確認できない場合、活字のなかの出来事や記録について、確かな根拠が示されていないなどと、慎重で批判的な態度を示した。職人や商人は生活のなかで身につけた、自らの目で調べ観察して獲得した鑑識眼から、活字という間接体験を吟味する力があった。いわゆるメディア・リテラシーであり、情報の無批判な受容とは相入れない精神を培っていたのだ。繰り返しになるが、ここに近代的個人の自立性を見いだすこともできる[7]。

ところで、翻訳こそ徹底的に深い読みを必要とする読書である。と同時に、異なる言語に読み替えることであり、書くという営みをもっている。つまり翻訳ほど、読むことと書くことが表裏一体となる営みはない。ましてや、ルターは聖書なる聖なる書物を翻訳したのであり、その一語一語をいい加減に扱うなどはあろうはずがない。このときの翻訳者の精神はいかなるものであろうか。読む営みのなかには、自分では理解できない、あるいは既存の価値観とは異なる言葉が書かれていることを発見するかもしれない。

しかし、深くその言葉と対話するなかで、その言葉が正しいと信じるに値すると気づいてしまった場合、これまでの自身の価値観が揺さぶられてしまうことになる。しかも、ただ揺さぶられるだけではない。正しいと信じざるをえないのだから、翻って、自分が間違っていたことを自覚せざるをえないし、その価値を供給していた社会もまた間違っていたことを自覚せざるをえない。これは既存の社会から見れば、気が狂うことである。

読んで正しいと思ったとしても、「本は本だから」と、本の虚構性に逃げ、本を情報化してみるのが常だろう。本のなかのイエスの行いは確かに信仰や真理に関わっているにしても、昔話であるからと、現実社会のキリスト教理解を肯定することになるのが普通である。つまり、情報化することによって、当の社会にとって、無害化されたイエス像になり、免罪符を販売するキリスト教になるのである。

それはある意味で娯楽としての読書である。そしてこれがわれわれの読書の常であり、言葉の受け止め方の常でもある。だから、そのような情報であれば、一度読めば事足りるし、何かあれば検索して調べることができればいいわけだ。そもそも他人の書き記した言葉を深く読み切ることと自体が困難であり、それが現実に実行されるなら、少なくとも社会に違和感をもたらし、ときに人は狂ったように見える。そして、深い読みを必要とする読書は、真直ぐに引き受けるしかなくなり、その言葉において生きるしかなくなるような出来事であり、体験の踏み台になってしまうのである。知はそういうことを要求する。

三、書くことの対話性

読書において知ることは、われわれを次の段階における知的実践へと向かわせる。つまり、文字を読むことから、自ら文字を書くことへと。われわれは読書をすれば、ただ読むだけではなく、本に線を引いたり、書き込みをしたり、その本についての感想や意見を書き留めたり、あるいは要約したりノートにとったりなど、書くという営みを行うものである。そのラディカルな歴史的出来事としてルターを取り上げてきた。

紙の上に書けば、自らが考えたことが外部に表出される。ある書物を読んで、その一部をノートに書き写せば、それは当の書物を正確に写し取ったというだけではなく、書物のなかでの位置づけ、つまりコンテキストから切り離し、新しいコンテキスト上に位置づけるという意味で、新しいテキストを生成したことになる。要約したとすれば、自らの問題意識や志向性からもとのテキストを縮約することになり、そこに書いたものによるオリジナリティの欠片《かけら》が生じ、固有の価値や意味をもつことになる。あるいは、その要約に自らの感想や意見を加えたり、ときが経ってから考察を加えるなら、オリジナルなテキストとさえいっていいはずである。書くことの主体性が必然化する。

われわれが書物を読み対話することによって、その活字を書き直したり、書き換えたり、あるいは書き加えることによって、新しい相互に意味をなすテキストが生み出されてしまう。この新しいテキストはわれわれが生み出したものである。とすれば、過去の私が「懐妊」し産み出した赤ん坊のような存在である。過去のわれわれから見れば、過去のわれわれの可能性であり、現に生じているのであるから、その可能性の具体化である。つまり、書く営みは新しいわれわれをつくり出す創造的行為である。

そして、読むことに対話があったように、書くことにも対話がある。われわれは書きながら、自らが書いた文章を幾度となく読みながら、次の文章を書き加えていくものである。書かれたものは、読んだテキストとの自らの格闘を組み込みつつ対話を重ねたわれわれの分身である。と同時に、いったん思考が文字として外部化されているのだから、書かれたものは他者性を帯びている。その外部にある他者性の輪郭を批判的に読むことによって、さらにテキストが生成する。この生成したテキストは、やはりわれわれの分身でありつつ、他者性を帯び、この繰り返し、対話によっておそらくは完成したテキストになるのである。このように書く営みにもまた対話が組み込まれており、書く前後でわれわれは変わっていることになる。このような原理を、書くことの対話性とでも呼べばいいだろうか。

自我は書物と対話し、対話した内容を外部へと表出する。表出された言葉は「自我」である。自我は「自我」と対話し、先の内容を書き換えたり、書き加えたりすることで新たな〈自我〉を外部表出する。このとき自我は、すでに過去の自我ではなく、「自我」を統合したあらたな《自我》

読む／書く／対話モデル

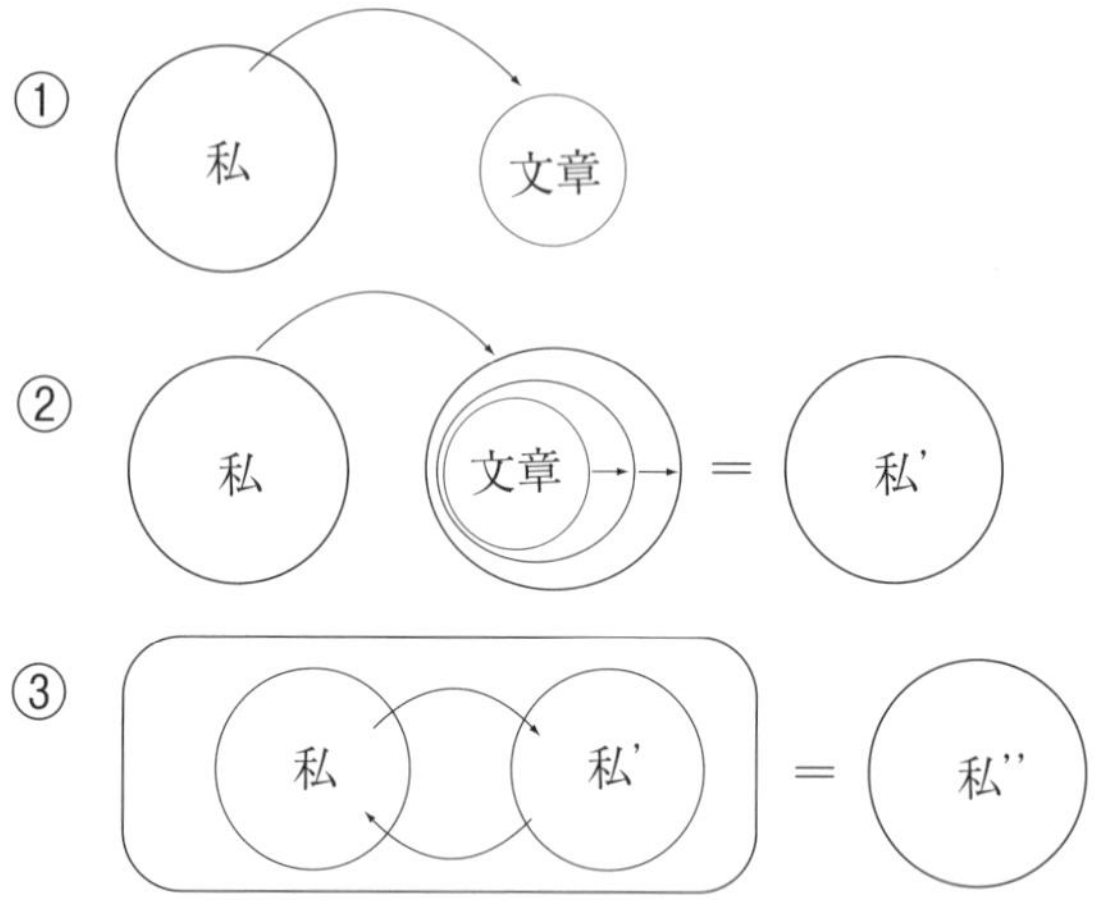

になっている。この新しい《自我》はそもそも書物において見いだされた他者性を組み込んでいるのであり、論理上複数の主体の意思や価値観が連なり、重層した存在であることになる。自我は読み、そして書くことによって《自我》として生まれ変わったのである。ここには自己との対話と他者との対話が共存している。

　読者は読むのであり、書くのは、書き手や著者である。よって異なる存在のようである。しかし自明のことであるが、書くことができる人間はたいてい読むことができる。二つの文化能力を合わせて読み書き能力（リテラシー）と呼び、両者を同一として理解する。先に、読むことと書くことにおける自我のあり方、そのズレを認識論的に位置づけておいた。書かれたもの、あるいは活字の実在性が知の実践性ではない。あくまでそれらは痕跡であり、つまり「覚え書き」なのである。文字を媒介とした知は読むこと、書くことの実践を本質とする。さらに、それらは対話をさらなる原理とする。

書くことは、自身の感想や意見、あるいは心情や事実を「覚え書き」にするという、自己の外部化に留まらない力学を有している。書くことは外部化され、「覚え書き」なる自我の他者性を帯びることになる。それを鏡像として、過去の自我を乗り越える。そこには自己の再帰性、あるいは対話性がある。ズレを生み出す装置として「覚え書き」はあり、そこに現在の自己の乗り越えの契機がある。このような書物と自我の相互作用は、社会から要請される知識に括ることのできない広い枠組みを用意するといえるだろう。と同時に、ある特定イデオロギーに回収される危険もまたあることになる。その場合、対話の永遠性が喪失されていることになるが。

このような書くことの対話性に着目するなら、情報端末に向かうわれわれが、端末になにがしかの書き込みをしているとすれば、そこには他者の可能性としての自己を見いだしていることになる。そこに自己の再編の可能性が見いだされる。書くことを有することのないメディア行動に対して、情報を受容するしかない大衆社会論的な受け手像であると、かつて知識人は批判した。ゆえに、メディア・リテラシー論において、かつての大衆が情報の送り手になることを肯定的に評価した。コンピュータを媒介にして他者と向きあうことで、虚構にすぎないと揶揄されながらも、一定の空間性において、モニターを読み、キーボードで書き込み、さらにその反応を期待することに対話があるように思われた。

しかし、そのような評価は安易である。ブログに今日食べたものをアップすること、いつも同じサイトで情報検索的に情報に接すること、Ｌｉｎｅで既読かどうか確認するメディア行動に、対話が組み込まれているのかは疑問が生じる。一生読み続けるような本と、いまあげた情報では、われわれにズレを起こさせるような読みを生みだすのかには疑問が生じる。確かに昨日食べたものと今日食べたものはちがう。しかし、そのズレは既存の自我の乗り越えを生み出すようなズレとは言い難いのはわかりやすい。はっきりいえば、同じことの繰り返しにすぎないし、ショーペンハウエルがいう「いたずらに過ぎし世の戯言」である。これが人気のある芸能人の行動であれば、マス・メディア化しており、「悪書」にすぎない。

対話するには、未知であることが必須である。実際には、未知であることに気づけば、知ることを欲し対話が稼働するだろう。しかし、『バカの壁』の話で取り上げたように、知っていると高をくくってしまったり、そもそもブログの〝ステキな晩ごはん〟の写真アップの記事に未知を想定することは難しい。漠然と見るもの、ルーティン化した暇つぶしコンテンツとは、未知であることができるだろうか。コンピュータもまた「覚え書き」であることを確認しておきたい。

進歩主義者であれば、経験を重ねること、時代を重ねることによって、真理や思想が生み出され、あるいはその時代の公正な評価ができると考えるだろう。つまり、プラトンが何をいおうが、聖書に何が書いてあろうが、時代がちがい、彼らは遅れているから、新しい時代や異なる社会に対する価値判断は不可能であると評価するにちがいない。しかし、偉大なテキストというものは、いま公正に評価しようとする、あるいは価値判断しようとする現象や出来事に意味や価値を与えることができるものである。実際、われわれは過去の哲学、思想、宗教のテキストから、現代を診断しようとする。もちろん、偉大なテキストのなかに一義的に了解可能な言葉があるわけではない。ゆえに、「覚え書き」なのである。テキストの著者と同じように、真理の道を辿ろうとする者が、彼が経験した事実や出来事がその「覚え書き」に胚胎しているロゴスを照らし出し、翻って「覚え書き」が事実や出来事の意味に出会わせるのである。

つまり、書物、「覚え書き」がただそのままあるだけでは、存在していないも同然なのだ。つまり、それらをモノとして、物理学的対象として位置づけるかぎり、観察される対象にすぎない。どのような紙を使っているのか、装幀のデザインはどうとか、ハードカバーであるとか、横書きで文字が大きいといった表象について明確に認識できるものでしかない。

しかし断るまでもなく、それは書物がなんたるものであるか、その存在理由ではない。書物は読まれることを前提とするモノである。読まれることによって、黒い複雑な線が意味となる。書物にとって、いかに読者の存在が不可欠な存在であるのか、読者が読むことで、「覚え書き」はその読者によって新しい意味を生成する。それが書物の実践的価値なのであり、メディアとしての可能性なのである。ゆえに、そこに潜在化されている多様な意味たちを人間が俯瞰して認識することはできない。複数の人間がいれば、必ず異なる意味作用を顕在化させる契機をもつのであり、したがって論争的であり、対話を必然化するのである。読者が異なれば、発見される意味が異なること、書物が伏蔵する読解可能性、意味の多様性がある。よって、今日の読解の意味は、この伏蔵性にしたがって、明日新たな意味を「重ね合わせ」するかもしれず、常に未知の意味を伏蔵する。私の読解は他者の読解にさらされると危機に陥るのである。しかしながら、この危機もまた対話を必然化する。

ソクラテスが話し言葉で対話したときに生じている、対話のなかにある「ロゴスのディアロゴス性」、言い換えれば、対話のなかにある生き生きとした生命を、プラトンは書き言葉によってどうにか描こうとする。プラトンもまた書きながら読んでいるのであり、その一連の作業にはその生命が宿っているだろう。しかし、「覚え書き」になってしまえば、その生命は冷凍保存されたようなものだ。それを解凍し、生き生きとした生命を取り戻すことが、読むことの可能性であり、倫理である。誰もに解凍する能力があるとはかぎらない。さらに、ソクラテスが真理へと導く対話の場面には、対話の方法が記されている。その方法もまた、伝授される可能性があるものとして、読まれるべく期待を有している。ゆえに「ふさわしい魂」を「覚え書き」は待ち、期待する。つまり、プラトンは期待のメディアとして書き言葉を位置づけたということを伏蔵していたのである。そして、ルターもまた読者であり、信者に伏蔵された聖書の意味を「覚え書き」にしたのだ。

第一一章　贈与としての書物

一、贈与論

　内田樹《たつる》は、本を書くことが本質的には贈与であると指摘する。本は「本を買う人」のために書かれるのではなく、「本を読む人」のためのものである。商品という仮象を本が身にまとうのは、その方がテキストのクオリティが上がり、著者と読者両方の利益が増大するからでしかないのである。このように確認したうえで、現状、出版社が読者を消費者扱いしてしまうため、出版文化の危機が生じると診断している。結果、現状の出版業は読者の趣味志向をマーケティング的に把握し、消費者受けのいいものを生産してしまうわけである。前章では、読書の本質が対話であり、未知との邂逅が予期されるものとの位置づけをしてきた。確かに、このような位置づけからしても、内田の批判は真っ当なものである。そこで、読書を生産と消費という市場経済的な論理とは別な経済的な論理によって位置づけるのである。その論理が贈与である。(1)

　人類学者モースは『贈与論』（一九二四年）で、現代の経済活動が他の社会活動から切り離される傾向をもつことを批判的に考察することを目的として、利潤獲得という資本主義の原理と異なる経済原理として、贈与なる概念を提示した。

さまざまな時代や社会において、人々は贈与とその返礼を行う。モースは利潤獲得を主とする経済より、贈与を根本的な経済であるとみなす。モノをあげて、それをもらい、そして感謝し、お返しをする。この何の変哲もない人々の間で行われる相互行為こそが、経済の原型である。われわれは未開の社会には物々交換の体系しかなく、彼らは規則性のない交換を無闇に行い、公私の区別も、私有財産の観念もないとみなしがちだ。厳格な法的観念は未発達だったことは確かであり、未開人の共産制では、現代的な私有財産の観念は確かになかった。未開人の欲求は原始的で生命維持のみで、他の欲求を持たない。このような未開人のイメージは、未開人は生命維持のためだけに生きているという誤った考えがあるからである。

しかしながら、単に生命維持のためだけとは到底いえないようなモノの交換に、モースは気づいた。文明が発達することにより、人間の欲求が拡大し、その欲求実現の複雑なシステムとして資本主義社会が成立する。そのため物々交換ではなく、交換手段として貨幣を発達させ、価値を計る尺度として、貨幣を信用し、金融市場を発達させた。しかし、未開人は現代のこのような資本主義的欲望とは質のちがう欲望を有していた。それは、贈与に付与される名誉である。

まず、贈与について理解するために、贈与に必須な義務を確認しておこう。一つは提供の義務である。贈り物はしなければならない。二つ目は受容の義務である。贈り物は受け取らなければならない。そして三つ目は返礼の義務である。お返しをしなければならない。この三つの義務に加えられる義務がある。それは神に対する贈与の義務である。すなわち、神々や神々の代わりとしての人間に贈り物をしなければならない。生け贄やお供え物はその典型である。

では、どうして贈与にはこのような義務が生じるのであろうか。それは贈り物には特別な意味、霊《ハウ》が宿ると考えられるからである。霊《ハウ》というと、現代人からみれば、古代人の迷信程度に受け止めてしまいそうだが、現代人も贈り物をするとき、贈り物に霊《ハウ》が宿っているかのような行動をしている。例えば、バレンタインデーでチョコレートを贈るのは、恋愛の意思表示であったり、友人や同僚としての親密さの意思表示である。もちろん、チョコレートに乗せて想いを届けているのであり、この想いを別言すれば、霊《ハウ》の現代版である。ただ現代人は心理主義的傾向を強くもつために、儀礼行為の中身を、心に届けることと理解しがちなだけなのだ。

贈与には現代人から見れば、不合理なところがある。例えば、北アメリカのインディアンによる儀礼ポトラッチでは、首長が自身の貴重な財産を惜しげもなく海に投げ捨ててしまう。あるいは贈り物の返礼が破産状態を招くことになってしまうことなど。これらはわれわれの常識としての経済的交換としては不合理ではあるが、宗教的、道徳的、政治的、法的、審美的でもある全体的社会現象とみなすと、合理的である。なぜなら贈与において交換される贈り物は、現代の金銭という尺度とは異なる意味を担っているからだ。

贈与は義務をともなう。贈与はされなければならないし、受け取らねばならない。受け取れば、両者は深い関係性をもつのであり、相互的な拘束関係になる。しかし、与え返礼し合う義務は、そこに威信と尊敬を生み出す。かりに破産状態になっても、威信と尊敬こそが彼らの宗教的、道徳的、政治的、法的、審美的世界の意味の中心にある。結局、何が贈られているのだろうか。それは自他の関わり、社会的関係性の承認でもある。そして、義務を果たせば、彼らは「私はこれだけのものを与えた」ということを、誇らしく名誉と考えることができるわけだ。

贈与は義務、道徳であり、売買という交換体系とは異なる、贈与を主体とする体系であり、モースは「全体的給付の体系」という。そこで、交換されるものは、財や富、動産や不動産、あるいは礼儀正しいあいさつ、祝宴、軍事的奉仕、子供、踊り、祝祭などモノ的形式であったり、行為形式であったり、人であったり、その多様さにも関わらず、霊《ハウ》という同一機能である。

贈与体系からすれば、市場は交換の一部にすぎないのであり、現代社会はこの一部の極大化、自律運動化とみなすしかない。未開社会の人々は競い合い、見せびらかし、自分の贈り物が素晴らしいことを誇張して語り、次のものは前のものよりもっと素晴らしいものを贈り物にしようと奮闘する。あるいは贈り物を受けた側は慣習にしたがったやり方で返礼しなければ、当然面子を失う。それは個人ではなく、その集団、部族、あるいは先祖の顔を汚すことなのだ。理想化する必要はないが、このように贈与体系に生きる人間はじつに人間らしい。

モースはこのような贈与がもつ論理から、「金持ちとは前もって贈り物を与えられている人々なのである。だから彼らはきちんとお返しをしなければならない」と、現代社会で人々が信じる価値観とは異なる倫理観を打ち出している。例えば、労働も贈り物である。よって労働で富を得たものは、労働者に返礼の義務があることになる。(2)

慈善活動は倫理的ではない。なぜなら、贈り手が慈善なる特別な行為をしているかのように偽装されるからである。重田園江によれば、そもそも金持ちとは、社会からすでに多くの富を贈与されているのだから、返礼するのは義務である。その意味で、金持ちは返礼の義務を果たしていないことになる。さらに、贈られた側には、贈与がもつ倫理からすれば、返礼の義務が生じるが、慈善は返礼を期待しないため、贈られる側が劣位に置かれてしまう。贈与における返礼は「お情け」になるはずもないが、慈善は返礼の義務としては「お情け」にすぎない。ちなみにモースはここから連帯や社会福祉の贈与論的意義を主張している。(3)

現代社会では、ロックの労働価値説を基盤とした富を肯定する。ロックが想定する人間は、生産活動する人間であり、資源の総量を増やすことができると考えられる。ここから私有財産が発生する。増加した資源は労働をした人間に属するからだ。身体を自由に使って得たものは、その人間の所有である。なぜなら、その身体は当の個人のものだからである。このようなロックの市民社会論において、個人の所有は市民社会に先行しているとされる。働いて手にしたものは、その個人のものであり、それをどのように使おうが自由である。われわれはこのような価値意識をもっているし、これが資本主義における所有権の絶対性を支えている。あるいは可処分権を肯定する。ただロックにおいては、他の人々にも十分によいものが残されていることが前提であり、

贈与論モデル

贈与のイメージ

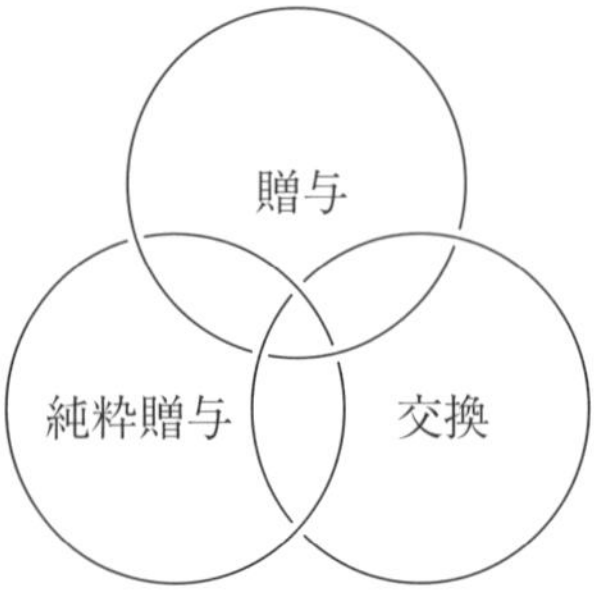

現代社会の経済のイメージ

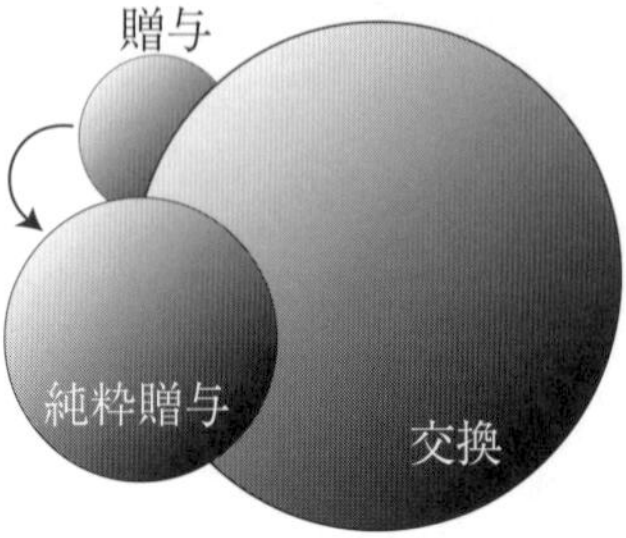

貨幣による交換の肥大化

左の贈与モデルは、中沢新一著『愛と経済のロゴス　カイエ・ソバージュⅢ』（講談社選書メチエ、2003 年）を元に作成

所有の自己目的化と搾取を禁止してもいる。[4]

しかしながら、贈与論から導かれる論理は、われわれの価値意識に少なくとも反省をせまることになるだろう。先に参照した重田の言葉は、「金持ちはお返しをしなければならないのだから、社会に多くの借金を背負っていることになる」と言い換えができる。このような理屈からすれば、慈善は借金の隠蔽になってしまう。贈与には関係を喚起し、相互行為へと他者を誘う機能が組み込まれている。贈与が真っ当に機能していれば、社会のなかで生きている人々は相互に承認し、さらに承認し合うのであるから社交を行い、明日も同じように承認と社交があることを、当然のことと信頼することができる。

贈与慣行のなかに、時代によって変わるものと変わらないものの強弱はある。現代社会においても、いくら功利主義的傾向が強いからといって、贈与が見られないわけではない。反対に、贈与の功利的資質や、市場経済との親和性も少なからずあったといえるだろう。その強弱のあり方については、人類学者や歴史家が実証的に記述する課題であることを確認しておく。(5)

二、読書の贈与論

内田は「本を書くのは読者に贈り物をすることである」と位置づける。この言説を導く理論が贈与論である。先に、金持ちはすでに多くを贈られていながら、それに気づくこともなく、ロックの思想を土台に資本主義的な欲望の実現として、返礼の義務を忘れていることを指摘した。では、本を書くもの、そして内田には、返礼の義務を背負う必要があるのだろうか。本を書くものは、すでに贈り物を与えられていることになるはずである。だから、内田には何かが贈られていることになるはずだ。贈り物は霊《ハウ》が贈られているのであって、目に見える贈り物はモノ、行為、人であったり、その現われは多様である。であるから、内田はそれら多様な何かのなかで、なにがしかをもっているはずである。

贈与論では、贈与は贈り物を媒介とすることで、他者への働きかけを行う。それは社会的な諸関係に拘束されることであり、自由なわけではない。それどころか、返礼するのであるから、無償行為でもない。内田の場合、社会的な諸関係の具体的な現われは、大学教員と学生たち、著者と読者および社会一般である。このような関係性のなかで、彼の著作や言葉は他者を巻き込む力をもつ。実際、いま私は彼の著作に巻き込まれて、この文章を書いている。このような関係性は、贈り物としての言葉や著作によって、双務的な関係を必然とする。彼は与えることによって、他者関係を築き、学生や読者、そして広く社会一般から承認を得ることになる。彼が贈るのは著作であり、言葉であるのだから、彼が贈られて所有していたものは、やはり言葉であり、知識である。じつに回りくどい言い方をしたのだが、金持ちが人より富をもっているように、彼は人より知識という霊《ハウ》をもっているということである。

内田樹は読書における不可思議な体験について語っている。内田は修士論文作成にあたって、研究の流れから、名も知らぬ哲学者の著作をランダムに読み進めることになった。著者はレヴィナス（一九〇六年〜九五年）。最初に手にしたのは『倫理と精神』であったが、そこにはかつて出会ったこともない精神の運動があり、それに巻き込まれるかのような体験があったという。内田はこの哲学者が「何を言おうとしているのか」理解できず、しかしながら、この哲学者がテキストを通じて、「私に向かって」語りかけてくるという体験をした。レヴィナス自身の言葉を引用し、「何ともしれないきわめて個人的な召喚命令を受け取った」のである。

この体験は、理解することを超えて、未開の思考に「語りかけられる」のである。われわれは読書を、そのテキストを理解できなければ、無意味に思うものではある。しかし逆説的に、理解を超えているからこそ、未知であるからこそ、読書の意義があるというものだ。つまり、内田はこの未知を読むことによって生きたのである。彼はこのような体験の質を「レヴィナスの思想をまず呼吸してしまった」と表現する。このような未知をレヴィナス自身は「謎（エニグム）」と呼んでいる。「覚え書き」でしかない文字が、あたかもレヴィナスの声のような肌理《きめ》として体験されたということである。「いったい、この人は何がいいたいのだろう」との体験、これが読書の体験の核にある。

彼はレヴィナスの言葉に召喚され、精読を重ねていく。そして、精読の一番の方法として『困難な自由』を翻訳するのである。ルターが聖書をドイツ語に翻訳したことが思いだされる。レヴィナスの思想はいわゆる情報や知識として学習するものではない。この読書によって生成した知のあり方は、「機械情報」を暗記していくような知識ではない。「生身の人間としてそれを実際に『生きる』ものらしい知を読み解いてしまうような読書であり、書く体験であった。それは書き手の思考の道筋を『追体験』することでもあった」という。プラトンの「覚え書き」論と重なることはいうまでもない(6)。

内田のレヴィナスとの出会いは、三木がいう書物との邂逅である。読書における対話のはじまりなのだ。この出会いに導かれ、目覚めたかのように、この書物に何が書かれているのかと訴求的に問われ、その問いが立ち上げられたことで、レヴィナスという他者を自身の運命として、師匠として発見する。レヴィナスは内田にとって、他者でありながら、いつも彼の傍らに存在していたかのような実在性を帯びている。この邂逅の不可思議な構造である。つまり、レヴィナスと出会う前の内田はすでに存在していないが、読書において、レヴィナスと名付けられている他者であり師匠と、もっとも真摯な弟子が同時的に生成したのである。そのうえで、師匠であるのだから、未知であるにしても、彼は真理を、奥義を体得していると信仰することになる。

本来、金持ちには返礼の義務があるように、内田もまた返礼の義務があることになる。すでに与えられている彼の知識は、一般の人々とは思想的な質が異なり、いわゆる学術的でありつつ、開かれている。そして、彼が精神的な師匠とするレヴィナスは、邂逅という偶然の出来事において現れたのであり、まさしくレヴィナスの言葉は贈与となった。それをはじめの贈与とすれば、彼は偉大なる師匠からの贈与に対して返礼しなければならなくなった。それは言葉での贈与であり、内田も言葉を扱う職業に就いており、著作や教育の場での返礼は至極当然のことだったのかもしれない。

贈与論における贈り物は、もらった人に対する直接返礼にかぎるわけではない。贈与には義務的循環という贈り物の提供と返礼のプロセスがある。何かを贈られた場合、それには霊《ハウ》があると考えられることは先に述べた。最初の贈り物に霊《ハウ》がある。これを手元においておくことはよくないと考えられる。それゆえ、別の人物に贈り物をしなければならない。その贈り物は最初の贈り物にあるとされる霊《ハウ》に規定される。そのため、外見上一方的贈与に見える現象は、確かに断片的で孤立した現象であるが、深層において、循環となるシステム的実在なのである。それゆえ、贈与は「全体的給付の体系」と考えられる。ある共同体のなかでは、贈与が義務的循環となって、その共同体を支える。

例えば、テレビでもよく話題にされることで、売れているお笑い芸人が仲のよい後輩芸人と連れ立って、そのつど奢っているという話がある。そして、その奢った芸人もまた、かつて若手の頃、先輩芸人から奢ってもらったということをよく聞く。このような芸人間の奢りの慣習は、若手という経済的に恵まれていない者に対する一方的扶助のように見えながら、時間軸でみると、先輩から後輩という循環のなかで、相互扶助となっているとみなすことができる。そのため、信じられないような安い給料でもやっていけるようなシステム的実在となり、芸人という共同性を相互確認し、維持することができるのである。後輩は先輩に感謝し、先輩には名誉が付与される。それゆえ、先輩に返礼するのではなく、共同体の一員である後輩に贈与することになる。これが芸人間の道徳となるからこそ、芸人世界が一つの共同性を担保することができるわけだ。

知識もまた、本というメディアを媒介にして贈与される。もちろん、本である必要はないだろう。「覚え書き」の機能をもっていればいいのである。ルターは聖書を翻訳し、聖書をもとに多くの著作を残した。ルターの著作もまた、ルターが聖書を読み、対話することからルターの知識が書き記された「覚え書き」である。これは明らかに聖書、あるいは神の言葉の内実を多くの人より知ってしまった人物が、自分のところに置いておくわけにはいかず、贈り物の返礼義務を返礼義務とは意識せず行われた結果と考えられる。とにかくルターにとって神の言葉であるのだから、まさに霊《ハウ》である。そして、このルターの言葉は贈与の義務的循環になり、ついにはプロテスタンティズムなる共同性を生成し、歴史に大きな影響をもったのである。

内田は贈与体系における価値の生成について、価値あるものがあらかじめ存在しているわけではなく、受贈者が返礼の義務を見いだすことで、贈り物に価値が見いだされると指摘する。モノの価値は、それを受け取る側により決定されるわけだ。返礼の必要を感じること、その瞬間が価値の生成である。贈り物に霊《ハウ》があることに気づくものが現れてはじめて、贈り物は霊《ハウ》をもつようになる。

ここから贈り物の魔術的な力が生じる。まず一つには、贈り物は本当に贈り物といえるのかどうかわからないモノである。贈り物の不明性とでもいえばいいだろうか。「自分たちが見たことのないもの」が贈り物であると認識すること、そして贈り物であることから必然化する返礼の義務は、それを贈り物とみなすために、贈り物に対するユニークな感受性が要求される。「自分たちが見たことのないもの」を見過ごしたり、不用としてしまえば、贈り物にはならない。そもそも贈り物ではないかもしれないのであり、それを贈り物とみなすことは誤読にすぎない。しかしながら、誤読したとしても、贈り物とみなしてしまえば、贈り物になってしまう。内田はこの誤読をも含んだ不明なるものに対する関心の強さを「何かを見たとき、根拠もなしに『これは私宛ての贈り物だ』と宣言できる能力」であり、「人間力」とさえいう。本書の最初に述べた不法侵入体験とも重なる（二八頁）。この一方的かもしれない宣言が、人間的諸制度のすべてを基礎づけている。(7)

たしかに贈り物とみなせば、返礼することになり、そこには社会的連帯の萌芽がある。返礼された側は、贈り物をしたつもりもないが、返礼の返礼へと誘われる。この不明なるものに対するコミュニケーション能力、応答能力とは、無関心、知っていると高をくくることとまるで正反対の姿勢である。第二章で取り上げた出産ビデオを観た男性たちの姿勢を思いだしてほしい。

二つ目には、未知であることの可能性がある。実際の部族の交易場面では、贈り物に価値が生成されるのは、受贈者がその「価値がわからない」方がよいことになる。内田は人類史初期の貨幣であったサクラガイを事例に出して解釈しているが、サクラガイは部族から部族へと、いくつもの部族を通じて贈られるが、「自分たちが見たことのないもの」は交易相手の部族も「見たこともない」という理由から贈られる。現代では希少性として安易に理解されるかもしれないが、その意味は容易に特定できないものであった。

ここで、未知であるサクラガイの事例から読み取ることができるのは、未知であることが価値生成的であるとの根源的事実である。内田がレヴィナスを偶然読みはじめて、その哲学のわからなさから関心を喪失してしまえば、言い換えれば、内田がレヴィナスの言葉の宛先ではなかったら、未知なものとして立ち現れたレヴィナスの言葉に応答することはできなかったにちがいない。内田には未知なるものを受容する姿勢が、備えがあったのである。そして、未知であることを自覚することによって、そこに対話が作動することになるのも必然である。対話原理は、未知であること、知りえぬこと、レヴィナスの言葉でいえば、「謎（エニグム）」を欲するのである。ここに未知の把持がある。

著者と贈与のモデル

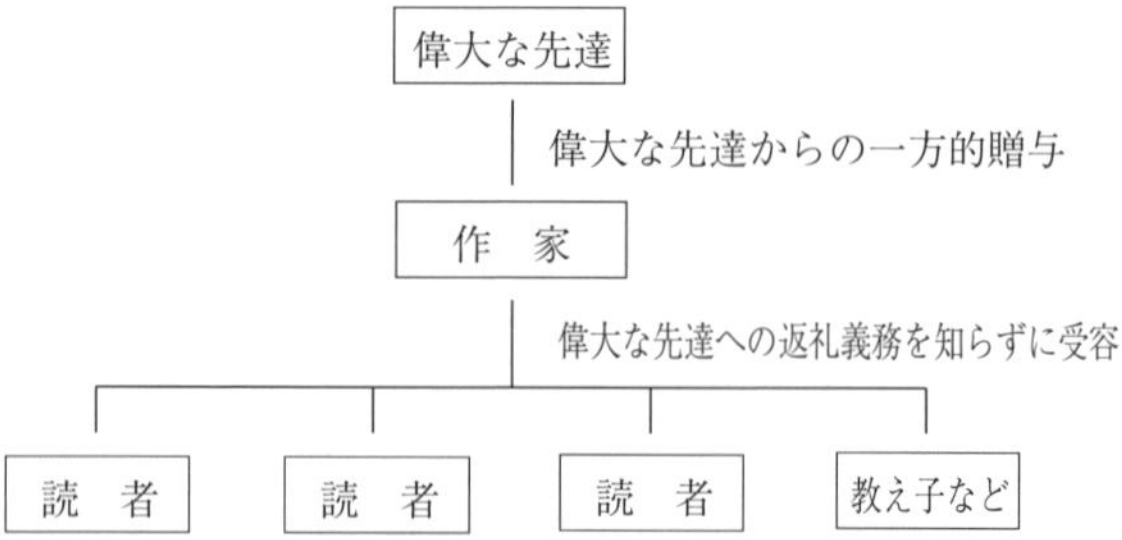

このような贈与論を出版物を含む書物に適応すれば、書物が贈り物になるか否かは、受け手が贈り物として受容することにかかっている。読者が当の書物を価値あるものとみなすことにはじまるのであり、購買するか否かにあるのではない。著作権保護論者の錯誤は、「読者がいようといまいとそれには価値がある。だからこそ、それを受け取った者は遅滞なく満額の代価を支払う義務がある」[8]と信じ、贈与という人間関係の根源を知らないからである。

本に書かれている言葉が知となるには、「自分たちが見たことのない」言葉や理論であっても、この不明なるものに対するコミュニケーション能力、応答能力（responsibility、責任）にかかっているのである。その意味で、本に書かれたことが知られるか否かは、賭けのようなものである。そのため、賭けが成功するまで「贈与者は待たなければならない」。つまり、待つ責任がある。受贈者もまた、金を払ったから自分のものであるというのは、あまりに性急なのであり、書物からの価値生成的な可能性を未来に見ないことでもある。待つことには期待が含まれてもいる。

書物に書かれていること、その内容が何を意味しているのかわからないことがある。不明なもの、未知なものは、われわれを翻弄する。翻弄されることで、その場から逃げ出す者は多い。また、「わかりやすいもの」がよいこととされる雰囲気に覆われてもいる。しかし、この翻弄こそ、自分の力を超え出たものの響きであり、証明でもある。よって、受贈者も受け身でいるしかない、理解が開かれるのを待つしかないのである。だからこそ、贈与者は受贈者に贈るべきものを贈らなければならない。贈るべきものが贈られれば、「覚え書き」が「潜勢態」となって、いつか返礼の義務を現実化することになるはずだ。おそらく、待つという姿勢こそは、何かの訪れへの希望である。

三、現代のデジタル読書批判

これまで前章を含めて、読書なる営みがもつ倫理について、ルターの宗教改革における聖書の読解と著作活動、ショーペンハウエル、三木、齋藤の読書観、そして内田による贈与としての書物についてひも解きながら考察してきた。そこから見いだされたのは、繰り返しになるが、対話原理であり、素朴な言葉で言い換えれば、考えること。あるいは、未知なるものとの邂逅とその潜勢力の確認、そして社会を成立させる贈与における義務の力である。

われわれがPCやネットでアクセスするとき、そのスクリーンには電子化された活字や映像と向き合うことになる。これらは電子的な「覚え書き」といってもいいだろう。さらに、読書という観点からすれば、電子書籍という「覚え書き」を読む経験も増大している。これらは多様なコンテンツではあるが、現代のメディアについて、この倫理から観察した場合、どのような評価になるだろうか。少しばかり考察してみよう。

若者を中心としたメディア行動を観察するまでもなく、ウェブやモバイルに代表されるデジタルメディアに、いつも多くの人々は触れている。便利でもあるし、好きなコンテンツとつながる快適な道具でもある。もちろん、これらが贈与である以上に、市場経済的な論理で語られることにわれわれは慣らされている。あるいは便利、快適といったある種の快感原則をもとに、肯定的に評価されていることも確認できる。

私の知り合いにノート型PCを広げ、そこで複数画面を見つつ、さらにiPadも使いながら、携帯ゲームをしているものがいる。ついでに、それらの情報機器の横にはガラケーが置いてある。二〇一三年、東京都三鷹市でストーカー殺人事件があったとき、彼はこれらの機器を使い、複数画面を操作しながら、事件の概要やその後削除された被害者のプライベート映像を短時間のうちに見つけ出していた。彼のメディアとの関わりを横目で見るにつけ、デジタルメディアが環境として当然のこととして受け入れられ、見事に順応し、使いこなしていることに驚くばかりである。という私自身、彼ほどではないにしても、そのプライベート映像に強い関心をもっていたら、かなりのスピードで辿り着くことができるはずでもあるのだが。

これら情報をめぐる環境設定がなされ、デジタル機器はわれわれが知りたい情報のよりどころとなっている。われわれはそういうメディアがつくり出す空間において生活している。言い換えると、この環境はいつの間にか自明化しつつあり、私たちの振る舞いをある一定方向へと向けさせる、アーキテクチャとして機能している。アーキテクチャをわかりやすい事例で説明すると、ファストフード店の固い椅子がよく取り上げられる。あの固い椅子は客が長居することを回避させるための技術的措置なのである。結果、店の回転率が上がり、売り上げアップという仕掛けなのだ。このような行動心理学的な技術が利用されることによって、知らず知らずのうちに、人々の行動パターンがある程度決定づけられていく。このような仕掛けとして、アーキテクチャとして情報に関する環境を位置づけていけば、われわれはスマートフォンを自由に使っていると思っている反面、スマートフォンによって提供される技術によって、行動のあり方をある程度方向づけられているということになるわけである。(9)

PCを使っている場合、メールを受信すると、メール受信の合図がある。私の場合だと、メール受信の電子音が鳴り、メールのアイコンに小さく数字が表示される。そうすると、PCで重要な仕事をしているにしても、思わずメールチェックをしてしまう。大抵はどうでもいいメールである。ツイッターやフェイスブック、Ｌｉｎｅなどをやっていれば、何か新しい情報があるのではないかと気になるものだろう。何かといつもつながっていることを欲するのが、現代社会のエートスである。実際、広告で〝つながり〟はいつも強調されている。「つながりやすさ、No.1」などと。目が覚めていればいつでも、それだけではなく、寝ているときでも電子音で目が覚まされながらつながっている。われわれは外界にある情報とつながることをひたすら追い求め、なおかつ、速度と利便性、快適性を求め続けている。さらに多くの人と情報とのつながりを求めている。このようなデジタル機器によるアーキテクチャのなかで、ルターが聖書を徹頭徹尾読み込み、思索するような営みを誰ができるのだろうか。

電子書籍およびＫｉｎｄｌｅなどの電子書籍リーダーは、これからの読書を方向づけるアーキテクチャである。では、これらがルターのような読書を可能にするといえるのだろうか。もちろん、可能性としてはあるが、しかし、電子書籍にはその内容と深い対話をすることとはまったく反対の仕掛けがなされており、読書が「機械情報」とのつながりになるだけではないかと少なからず心配をしてしまう。

電子書籍リーダーのなかには、本の中身とデジタル世界の間を交互に行き来できるものまである。つながりの絶えない書籍というわけだ。熱心な愛好家は、いずれ読書はすべて人前で行われるようになると予測する。つまり、手に汗握る小説などを読んでいる最中さえ、リンク、コメント、遠くの誰かからのリアルタイムのメッセージなどを参照するのだ。(10)

ここでパワーズは「情報に接するのとそれを吸収するのとでは同じではない」として、いくつものつながりを前提にしたデジタル世界と、読書における内面世界のちがいを浮き彫りにしている。後者は世間を一切忘れるような境地を可能にするが、前者はデジタルなテクノロジーに媒介された、世間を気にするデジタルな他人指向型を用意する。時に、二〇一三年に問題となった、アルバイト先などでの悪ふざけを写真に撮り、その画像を含めてツイッターに投稿し、世間からバッシングされたバカッターのように、想像力が貧困なため、デジタル世界における世間の枠組みを理解しないものもいるわけだが。なお蛇足ではあるが、この程度の若者の悪ふざけに対して、寛容さを失い、過剰反応する企業や社会の方にこそ目を向ける必要があると付言しておく。

さて、このような新しいテクノロジーと読書の関係から、パワーズは「利用者を読書に没頭させないことを狙いとしているのではないだろうか」と皮肉を込めて指摘している。電子書籍およびそれを読むためのデジタル機器のアーキテクチャはつながりを自明とする方向にあるように見えるのも確かである。そして、そのような動向が文化やテクノロジーによって引き起こされているることを忘れさせる。このつながりの通俗哲学は、若者の友だち観にも現れているし、「けっして一人にならないように」とのデジタル世界のエートスと化している。あたかもつながりが、アクセス数や「いいね！」の増加などの量に換算できるものと信じられているような振る舞いに見えることがある。そのことを過剰に気にかけ、何度もチェックしている姿が思い浮かぶだろう。

このような現実は翻れば、集団から距離をおいた孤独のなかでの思索を社会から遠ざけているということになるだろう。デジタルなテクノロジーを媒介にした世間からの無数の声に反応していては、受け身でオリジナリティに欠ける思考が循環する可能性が高いと予測せざるをえない。ましてや、ネットのアーキテクチャをつくり出すアルゴリズムが世論調査や人気投票、あるいはアクセス数と親和的であることから、無数の声がある傾向性を押し出してしまうことも考慮しなければならない。

このような世間へ贈り物を可能にするのが、読書における内面深くに潜む思索を言葉にすることである。ここから本章では、書くことの意義、贈与としての言葉の可能性を見いだしてきた。ところで、デジタルな領域もまた「覚え書き」なのであって、「覚え書き」がもつ可能性はやはり存在すると考えれば、ただ批判したり、嘆く必要もないのである。

第一二章　間柄としてのメディア

一、和辻哲郎の倫理

これまでメディアと倫理について考察してきたが、倫理とはソクラテスの「よく生きること」それ自体であり、プラトンから必要条件の一つとして、あるいは内実の一部として「対話性」を導きだしてきた。よって、メディアが「よく生きること」につながり、メディアにおいて「対話」が作動する可能性について考察してきたわけである。

これだけで、倫理について十分な考察をしたなどという気はさらさらないし、本章で取り上げる和辻哲郎が『人間の学としての倫理学』で指摘するとおり、「倫理学についていかなる定義を与えようとも、それは問いを問いとして示すに過ぎない(1)」のであり、倫理を認識しようとする営みは完全性を持ちえないと考えられる。ゆえに残余が生じ、その残余をめぐってさらなる問いを生み出すのである。

そこで、本章ではもう一つの必要条件、倫理の内実の一部をメディアとの関わりのなかで取り出していきたいと思う。これまでの倫理学の営みとは、理論的であれ、具体的な問題に対してであれ、どうにかして倫理の内実の一部を明らかにしようとした試みであった。もちろん、その解答は必要条件でしかないのであるから、さらなる問いを生み出すことを必然とする。〝デジタル〟な解答を求めること自体が、倫理という性格と不整合なのである。倫理的問いに対する一つの解答は、常に「それがよく生きることになるのか？」と、さらなる問いを投げかけてくる。われわれは生きていれば、その足下から常に「よく生きること」を問いかけられている。

さて、次章で考察する西田幾多郎は、直接的で具体的な経験、あるいは日常生活に巣食う悲哀から哲学をはじめたが、本章で考察する和辻哲郎もまた、身近な人と人の間柄について考察することから哲学をはじめた。例えば、和辻は主著『倫理学』において、哲学者の身近な事実として、文章を書くことについて考察している。書くことは、それを読む人間、つまり読者を前提とした行為である。それゆえ、書くという行為は我を超えた他者との関係性、つまり書き手と読者との間柄が優先する。この書くという行為のもっとも身近な事実は、書く個人の意識であるより、読者との関係にあると考えるしかない(2)。

このような間柄は、したがって共同体の倫理の問題へとつながる。読書において、書き手は読者を意のままにコントロールすることはできない。読者とは、作者が自由にできない、自分のうちに取り込むことのできない他者である。このような間柄の構造については、二節で考察していくことにしよう。

ここで和辻のいう倫理について注目しておきたい。先に引用したとおり、和辻は倫理の規定が困難であること、問いとして立ち上がるものとする。「倫理学は『倫理とは何であるのか』と問うことである」と結論づけつつ、その結論にいたる議論のなかで、どうにか倫理の輪郭を描こうとする。和辻は多くの哲学者の倫理学を振り返り、彼らの倫理学を通して、倫理の必要条件を整理している。しかし、その前提がある。それは倫理学の根本概念をひも解くことである。この根本概念は、倫理、人間、世間、存在である。

和辻は倫理学を人間存在の学であると導くが、その議論の行程は「倫理→人間→世間→存在」という連関をつなげる試みであり、この行程によって、どうにか倫理の輪郭を描こうとする。その行程をたどってみよう。

和辻は倫理の「倫」をひも解くことからはじめる。漢字の「倫」は「なかま」を意味する。「なかま」は人を複数的に見ることだけではなく、①「人々の間の関係」、②「この関係によって規定された人々」との含意がある。われわれが「なかま」と呼ぶとき、その「なかま」という関係に包含されたものが「なかま」であり、その「なかま」を構成する成員一人ひとりを「なかま」と呼んでいる。つまり、「倫」とは人間関係に他ならない。そして、「理」は「ことわり」「すじ道」であるから、「倫＋理」とは人と人との関係、共同体のあり方、その「すじ道」を意味する。

倫理という言葉をひも解くことによって見いだされるのは、共同態[3]の問題である。近代では倫理というと、主体としての個人の問題と見なされてきたが、「倫」という言葉の意味内実からすれば、原理上錯誤があることになる。個人主義的人間観は特殊な価値観にすぎず、個人をもって人間全体に代置する飛躍があるわけである。このような近代的主体観を批判しつつ、倫理とは人間関係、したがって人間の共同態の根底たる秩序・道理であると、和辻は位置づける。

ちなみに和辻は「ことわり」「すじ道」を秩序ともいっている。そこで、孟子の人倫五常[4]からの説明がなされていることから、儒教的な価値観を秩序の要とするような印象を与える。その意味で、イデオロギー的な言説に見えてしまう。これが儒教に対するわれわれの理解不足なのか否かは考えなければならないところではあるが、そのような単純化はできない。なぜなら、和辻自身が「倫理とは芸術や歴史に表現されうる人間の道であって、理論的に形成された原理ではないのである」として、言説によって固定化されるわけではないことを示唆している。それゆえ、常に問われるものとしてあるのだ。

このように「倫」をひも解くことによって、新たな問いが見いだされる。それは「人間」である。倫理をどうにか定義したところであるが、「人間」なるものの意味は、さらに不確かである。なぜなら、「人間」という言葉には、「社会であるとともに個人である」との含意があるからだ。全体性を意味する「人間」は、同様に個々の「人」をも意味する。全体と部分の弁証法的関係にある。その意味で、「倫」をひも解いたのと同様、全体性としての「人間」観は近代的自我、個人という考えを相対化する。

「人」は「おのれに対するものとしての『他』を意味する」が、他人という意味は世人《せじん》という意味にまで広がる言葉である。例えば「人聞きが悪い」というのは、一人の他人ではなく、世間という意味をもっている。と同時に、「ひとのことをかまうな」というときには、この「ひと」は他人を意味することもできるし、「他人にかまうな」という意味を通じて、「私にかまうな」という意味をもつ。これに「間」という漢字を加えてみても、意味にちがいはない。つまり、「人間」とは、社会とともに自、他、世人であるところの人の間を意味するのであり、全体性としての「人間」一般とは、「世人」の「間」、つまり「世間」あるいは「世の中」を意味する。さらには人類一般を指し示す場合もある。「人間」という言葉には、個としての「人」も意味するが、そもそも「人」は全体性を含意していたのだ。よって、「人間」を「世間」と「人」の二重の意味に使うことは、人間の本質を反映している。

続いて、和辻は「世間」「世の中」という言葉を「世」と「間」あるいは「中」と解きほぐし、その意味内実に迫ろうとする。「世間」という言葉は、そのもとは漢訳経典であり、仏教哲学において「世間無常」との意味で、この意味をもとに日本で使われるようになった。そして、「世」は「遷流《せんる》」(はかないという仏教の無常観)の義であり、変化し、絶えず破壊されるものである。「世」は無常的性格であり、不断の自己否定を行うのであるから、時間的性格のものでもある。

ところが、「世間」のサンスクリット語の原語 loka は、むしろ場所の意味をもっていた。例えば、loka の区別から「畜生界」と「人の世界」(人間《じんかん》)は区別されるが、人間とは主体的存在の特殊な界隈、特殊な領域を意味する。つまり、「世間」は生の空間的性格でもある。このように整理すると、仏教から入ってきた「世間」は空間的意味を保持しつつも、時間的性格を重層した、「主体的存在の領域」「生の場面」との意味をもつ。

「世」は人の社会を意味し、人間の共同態を意味する。そして、「間」「中」は空間の意味をもちつつ、人間関係をも意味する。人間関係の内実は、男女の間、夫婦の仲などという用法から推察できる。つまり、交わりや交通など、人と人の間の行為的連関である。行為的連関とは、現代的な用語を使用すればコミュニケーションと考えてもいいだろう。人は何らかの「間」「仲」がなければ行為できないのであり、行為的連関とは間柄である。これらが生ける動的な「間」であり、それが創造を生み出す、人間関係の共同態なのである。

このように「世」、そして「間」「中」は人間関係の共同態を意味するが、両者が合わさって見いだされる「世間」「世の中」の含意は、「世間が承知せぬ」「世間が騒ぐ」などの表現に見られるように、「世間」「世の中」が知る主体であるという意味が主となる。そして、現代社会では、「社会」という言葉に置き換えられ使用されている。

よって、「世間」「世の中」とは、「遷流性及び場所性を性格とせる人の社会である」。つまり、「刻々として他のものに転化し、絶えず破壊しえられる」のがその本質である。つまり、世間はその本質上生成変化しているが、固定して変化しないものとわれわれは勘違いしてしまう。「世間とはこんなもの」「社会なんて変わりゃあしない」というよくある嘆きは、通俗的理解に満足し、その満足のなかで閉じていることに気づかず、真の理解をしていると思い込んでいるにすぎないのだ。
こうして、「倫理」という言葉を解きほぐすことによって、「人間の世間性」に達した。「人間」は世の中自身であり、世の中における人である。「倫理→人間→世間」とその内実をひも解くと、倫理には共同態（共同体）が関わっていることが確認できる。[5]
つまり、「よく生きること」を問われること、「人はいかに生きるべきか」との問いには、人間の共同性がその問い自体に組み込まれているのである。われわれが共同態的存在であることにすでに倫理が、「よく生きること」が含まれている。なぜ、ソクラテスは街中に出て、自身とは異なる意見を持つ人物と対話したのか。それは、善の探求であったのはもちろんだが、その他者との対話という共同主観的実践に、すでに倫理が埋め込まれていたからである。

二、和辻からのメディア主体論

和辻の『倫理学』は、既存の倫理観が個人意識を問題とするところに誤謬があるとして出発する。例えば、和辻は個人主義をいわゆる個としての近代的主体観に基づくとして、そもそも人間の一形式にすぎぬ個人を人間全体にしていると批判している。このような個を基底とした認識が、前節で議論した倫理考察の流れとは相容れないことはわかりやすい。

そこで和辻が人間学的かつ倫理学的考察の基底とするのは、個とはなりえない、具体的に存在する間柄である。間柄とは私や他者なる概念が想定される以前にある、私と他者との関係性である。原理として、孤立して存在する個人なるものは存在しない。和辻は近代的な主体観における私や他者といった個人を解放し、倫理を人と人との間柄にあるとする。前節の議論は、まさにこのような間柄という認識論を基底としたひも解きなのであった。

そして、間柄には自然のような空間的な広がりとは異なる、間柄を広げたり、狭めたりする「主体的な広がり」「主体的空間性」がある。田中久文は行為的連関に関わる「交通」や「通信」に絡めて、「主体的空間性」を以下のように整理している。

「交通」や「通信」に示された「空間性」は、「多くの主体に分離しつつしかもそれらの主体の結合を作り出そう」という意味での「主体的広がり」でもある。そもそも、主体が分離しないものであるならば、連絡しようとする動きは起こらないし、主体が分離したままで結合しようとしないものであるならば、そこにも連絡の動きはない。和辻によれば、こうした「間柄」における「主体的空間性」こそ、すべての空間の根源であろう。(6)

このように間柄において、複数の個人が関わり合い、そこには「空間的広がり」があるのだが、と同時に、人間の交わりの時間的な広がりもあると考えなければならない。つまり、間柄は過去の間柄を背負いつつ、未来の間柄を先取りする。間柄は時間的、空間的広がりをもつのだが、それは世間についての考察ですでに触れていたことでもある。

ところで、人間は人間とだけ行為的連関、つまりコミュニケーションをしているのだろうか。そうではないだろう。人間は人間と結びつくとき、モノや道具と結びつかなければならず、全体としての人間が成立する。行為という点からも、もちろんすでに指摘したとおり、近代的主体の立場から、個人の意志選択決定として行為をとらえるわけにはいかない。また客観的なモノとの関係によってのみとらえることはできない。

和辻はマルクスの唯物史観から、意識を規定する物質が自他の間の実践交渉、あるいは行為的連関に組み込まれていると指摘する。物質は人の間にあり、一定の間柄を成立させることに関わっているのである。そして、この物質は社会的過程から締めだされた物質というわけではなく、行為に関わる「物質」である。つまり、マテリアルなのではなく、間柄において意味付けられたモノなのである。時間的、空間的にも広がりをもった主体は、間柄に応じて行為をするが、その行為には、これもまた間柄において意味づけられたモノが関わっている。(7)

富山英彦は、このような和辻の間柄論をメディア論に接合し、メディアとの関わり合いを含めた間柄を「メディア主体」と名付けている。富山は、人間と関係するモノや道具、さらにメディアをも含めて、全体としての人間(社会)が存在すると主張する。「あるのは、他者やモノとふれあう『私』、つまり『私たち』だということである」し、「『私たち』とは、じつは『私』とメディアとの関係をひとくくりにした主体としての輪郭」として発見されると指摘する。この輪郭として発見されるのが「メディア主体」である。とすれば、「『私たち』はメディアを通して、『他者やモノとふれあう』ことで、『彼ら』と出会い、主体形成を果たすということである。ここに、メディアを通して侵入する『異人』としての他者性が立ち上がっている」とみなす。[8] これは、第一章で議論したドゥルーズの不法侵入体験を問柄論に変換した議論だろう。

富山がこのような「メディア主体」を提起するのには理由がある。それは大学のゼミで、ある大学生が「なんで殺人事件って報道するんですか?」と問い、その報道がなくても「僕たちは困らない」「関係のない世界のことを知らなくちゃいけないんですか?」と、その問いを発した気分を語ったことに大きな違和感を覚えたからである。あるいは、自国の歴史を問いかけるとき、「いまの僕たちとかかわりがないじゃないですか」との答えが返ってくることへの恐れでもあった。富山はこのような反応を次のように整理する。

「私」という主体と、それに対置して「彼ら」と表現できるような、「私」と切り離された数限りない異人との関係に生じるねじれ、もしくは断絶のようなものを感じるのである。「私」と「彼ら」を共振させる何かが失われている。[9]

現代社会ではメディア環境は発達し、充実している。また、大学生はネットワーク上にブログや掲示板などの書き込みを多く行っている。富山が論じた時代から少しばかり時が経ち、いくつものソーシャルメディアも定着している。その意味で、彼らは積極的に表現しているように見えるし、新しい環境に見事に適応している。

にもかかわらず、この大学生の気分はメディアと断絶してもいる。あるいは社会と断絶している。このようなコミュニケーションの不全、「私」を改変するダイナミズムの喪失について、これがこの大学生を象徴とするメディア・リテラシーの実態であり、間柄から切り離され、個として自存しているという錯覚であると富山はみなしている。ここに個人主義のさらなる形骸化を見いだすこともできるのではないだろうか。少なくとも、先に見いだした倫理の必要条件である共同性は、ここにはない。

ゆえに、私たちとメディアとの関係を間柄論で参照すると、二つの方向性が必要だと考えられる。一つには、私たちとモノや道具との関係を倫理として自覚化しようという営みだ。もちろん、メディアとの関係もである。それは肯定的であれ否定的であれ、テクノロジー批判に向かう。この論理からすれば、人間と人間を媒介するメディアの考察は、倫理の実現を自覚化する営みでなければならない。

と同時に二つ目には、メディアとの関係性において立ち上がる、他者性というベクトルが存在している。つまり、メディア体験において、他者を知ること、真理を知ることという「知」の倫理である。当然これは共同性の問題である。

このように整理したうえで強調すべきは、和辻の間柄論をメディア論と接合した試みから見いだされるのは、メディアと人間の関係には原理的に倫理が含まれている可能性であり、その自覚の必要性である。なぜなら、前節で議論したとおり、「人間」には倫理が組み込まれているし、メディアもまた間柄を組み込み、マテリアルなものとしてだけではなく、意味づけられているからだ。このようにわれわれは、メディアと共にあり、人間の間柄、そしてそれにモノとメディアとの間柄が重層された「メディア主体」とみなす必要がある。間柄とは、つまり、われわれはすでにつながっているということなのであった。では、何によってつながっているのか。端的にメディア（表情・しぐさ・言葉・活字・電話……）なのである。

先にあげたように、操作能力として、自己表現としてのメディア・リテラシーは拡大している。もちろん、この自己表現の質も問題にしなければならないだろう。そのうえで、あの大学生の事例から見えてくるのは、他者と出会う、「彼ら」と共にあるコミュニケーションとしてのメディア・リテラシーの脆弱性である。

原理上、主体性の輪郭は、「私」とモノやメディアを含めた時間的にも空間的にも広がりをもつ構造である。われわれは、「私」としてだけあるのではない。他者やモノとともにある。総じて、それら他者やモノは意味を持つものなので、メディアと呼ぶことができる。つまり、私はメディアと共に「存在」している。メディアは私を閉じることもできれば、開くこともできる。メディアにおいて開かれる経験は、私を変えることがある。不法侵入がある。私が変わるとき、新たな知が発見されるなら、それは倫理に自覚的にふれたことになるはずである。と考えたとき、あの

メディア主体：「開かれ」と「閉じられ」

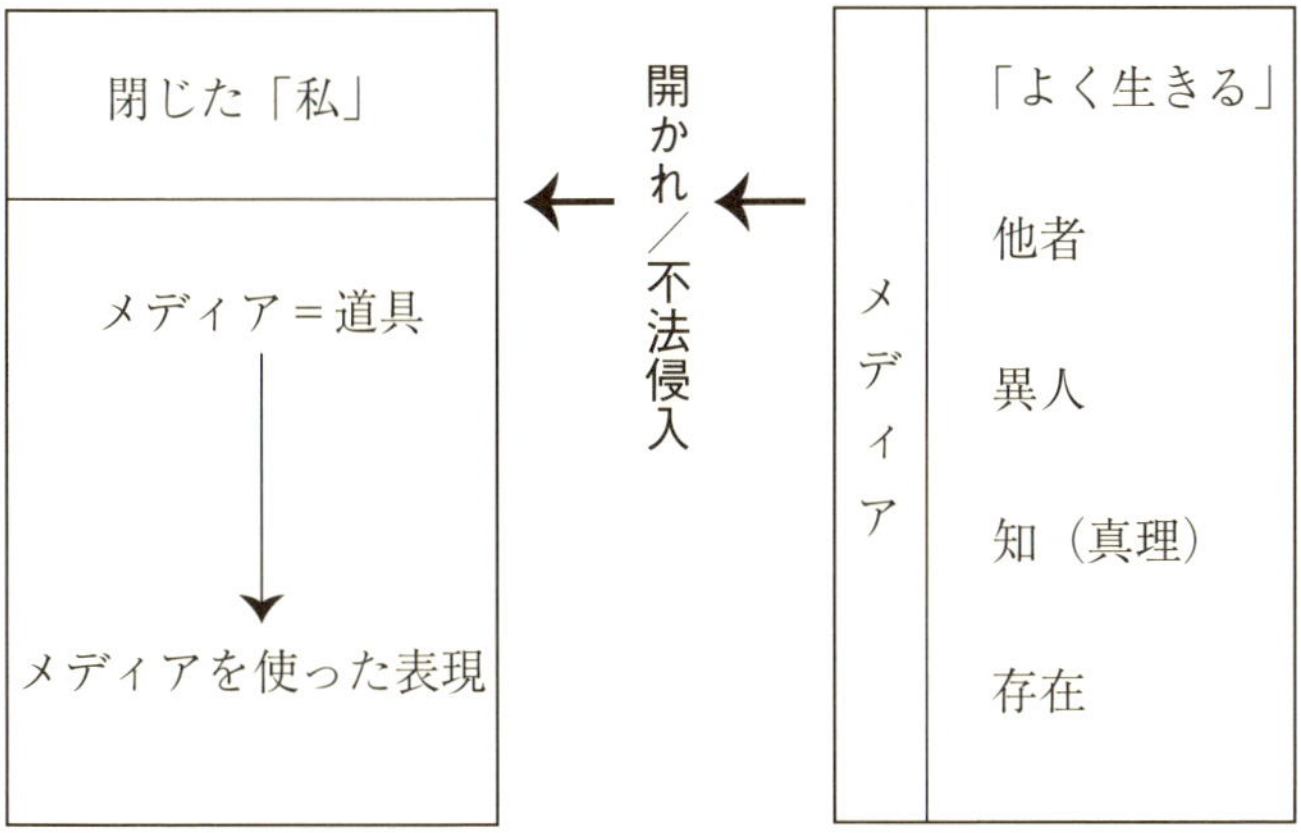

大学生はおそらくは最近の若者らしくデジタル機器を上手に操るにちがいないが、そのうえで、メディアと共に「存在」しているといえるのであろうか。少なくとも閉じているという印象を与える。

　開こうとするには「死」が必要とされる。和辻が間柄の土台とするのは、否定の論理である。ここでは詳細は省くが、「個別性の本質は共同性の否定」であるというとおり、自他の間柄が存立していることを前提に、自他の分離は間柄の否定において成立する。ここには和辻の弁証法があるのだが、間柄は個により否定され、個は間柄に否定され、絶え間ない否定運動にある。このとき、個の方に焦点を当てれば、それまでの個はいったん「死」を迎える。しかし、共同態に否定されることは共同態に依存することでもある。つまり、この否定の運動は、それまで「私」を構築していた自我とは、異なる共同態がもつ他者性を突きつけられ、「私」の輪郭を打ち破ってしまうのである。そしてこれこそが「私」の変容であり、「再生」なのであり、あの大学生に欠けていたダイナミズムの理論的局面でもある。

「メディア主体」という概念の可能性は、われわれがメディアにおいて、これまでの「私」に回収しえない他者性と関係し、つまり、つながったり、離れたり、衝撃を受けたり、反省したり、のめり込んだり、共感したり……、することの不断の姿を再確認することにある。つまり、メディアは他者性が訪れる可能性を保持しているのだ。

三、メディアとしての芸術作品

一節で、和辻の倫理の内実を整理してきたが、「倫理↓人間↓世間」には続きがある。それは「存在」である。前節の後半で、富山に依拠しつつ「メディア主体」について考察を行ったときに、すでに「存在」なる用語は使ってきたが、本節では、まず和辻に引き返し、「存在」の内実を考えていこう。

行為的連関としての共同態、そして行為的連関が個人の行為として現れるのが、人間存在の構造である。人間存在と表記しても、「人間」としても、その意味は同一である。「人間」という言葉には、「人間がいる」「人間となる」という意味が組み込まれているのであり、つまり、「がいる」「になる」という「存在」が組み込まれている。よって、「倫理」からひも解いてきた倫理の内実は、「存在」をひも解かなければならないことになる。つまり、「存在」の意味を問う必要がある。

ここで和辻は漢字の「有」に着目しつつ、「有論」としてひも解いていく。漢字の「有」には、「がある」という意味とともに、「もつこと」の意味がある。「所有は有る所のものを意味するとともにまた有《も》たるるものをも意味する」のであり、そこには必ず人間が見いだされる。「もつこと」、つまり「所有」は人間だけが行うのであり、「所有」には人間の根底がある。例えば、「石がある」とは、人間にとって石があるのであり、「所有」を根底にした表現なのである。さらに、「人間がある」とは、人間が人間自身を有《も》つことと見なくてはならないわけである。もちろん、この「所有」が資本主義的な所有とは異なることは指摘するまでもない。

そこで、和辻は「存在」に引き返し、「存」と「在」に分解する。「存」とは、自覚的に有《も》つことであり、主体の作用・行為である。そして、「在」とは、ある場所にいることを意味する。よって「存在」とは、「人間が己自身を有《も》つこと」「自覚的に世の中にあること」との意味なのである。(10)

倫理を置く根拠は、義務や責任などの当為（なすべきこと）ではない。人間存在それ自体から、その存在のあり方にしたがい導かれるものである。その意味で、「人間存在の中にはすでに倫理があり、人間共同態のなかにすでに倫理は実現されている」。しかし、「自覚的」になれないという人間の頽落が、そこに実現している倫理を見過ごし、聞き漏らすのである。このような和辻の倫理のひも解きから見いだされるのは、倫理が人間存在の根拠であるということである。

このような存在の問いを現代で本格的に行ったのがハイデガーであり、和辻も彼から強い刺激を受けている。ここで和辻から離れて、ハイデガーの芸術論における「存在」の意味を問いつつ、「メディア主体」と倫理について考察していくことにする。

ハイデガーは芸術作品なるものが、この世に存在していること、その事実そのものに対して驚く。このことを「衝撃」と呼び、芸術作品の存在の仕方を問うのである。ここで、われわれは確認しておきたい。絵画でも彫刻でもいいのであるが、われわれは芸術作品がこの世に存在していることを自明なこととしている。しかし芸術作品は、他のモノや道具、あるいは自然とは、何かその存在の仕方がちがっている。ちがっていなければ、あるモノを「芸術作品」とわざわざ名付ける必要はないからである。その事実に対して「衝撃」を受け、この「衝撃」に引きずられて、その事実の意味を問うわけだ。ルターが聖書と現実が異なっているという事実に「衝撃」を受け、そして宗教改革をはじめたという事実を思いださせるではないか。

ハイデガーは、あらゆる芸術作品は「物的なもの」をもつという。人間ではない存在者の「存在」の仕方を解明しようとするが、まず芸術作品それ自体から始めるのではなく、それと類似するモノに焦点を当て、モノの物性を解き明かしていく。続いて、道具であり、最後に芸術作品の「存在」の仕方を解き明かす。ちなみにハイデガーはこれらすべてを存在者と呼ぶ。「人間」は他の存在者、つまりモノや道具、芸術作品、あるいは環境や自然への通り道として開かれている。世界に明るみがあるからこそ、これら存在者が現れてくることを可能にし、そのことによって「人間」ともろもろの存在者との関わり合いを成らしめる。そこに意味の地平としての世界も存在する。ちなみにハイデガーは「人間」を「現存在」と呼び、「人間」を主観や意識として見るのではなく、そこに存在し、「存在」と関わり、「存在」が開示される場とみなし、あえて「現存在」という用語を使用するのである。

この「物的なもの」は「道具」という概念の考察へと向かい、そして芸術作品の意味へと進む。和辻にならえば、人間は芸術作品を有《も》つのである。ただ、芸術作品は「物的なもの」を超えて、何かを有《も》つという特殊な力を有している。とりあえずは、それは「芸術的なもの」ということになる。ハイデガーの芸術観は、芸術を美に関わるものとの考えを超えて、真理に関わるものと位置づける。すなわち、「存在者の真理・真実・真相の作品化」「真理・真実・真相の創造的な保存」こそが芸術作品の意義であるとみなすのである。芸術作品の根源は、存在者が何であるのかを開示するところにある。

ハイデガーは芸術作品の具体例として、ゴッホの「農民の靴」を取り上げている。農民の靴という道具を描いた、この芸術作品からは、農作業のつらさ、生活の厳しさ、「大地」の匂いと農民の「世界」がありありと見て取れる。靴という農作業の道具は、農作業のためにあるとわれわれは考えている。つまり、有用性において靴を使っているのだが、農夫はそんなことを気に留めず、日々靴を履き、そして脱ぎ、日々の生活を営んでいるものである。ハイデガーは一般的には気にも留めないこのような道具のありように対して、われわれはこのような靴のあり方を無意識的に信頼しているという。

ゴッホ『農民の靴』（A Pair of Shoes）

この絵は靴が単に靴であるということを超えて、真実に靴というものが何であるのか開示してしまう。その存在者を明るみに引き出してくれるのだ。この絵は靴を写し取っているのではなく、この靴が存在する「世界」が何であるのか、「存在者の真理・真相・真実を作品化」したものにほかならない。

これはあくまで芸術作品であり、絵画にすぎない。もちろん絵画なのであるから、メディアである。日常生活のなかでわれわれは、「人間」の営みがそのなかで行われている根源的な場所、場面をなかなか掴まえることができずにいる。

しかし、この根源的な場所、場面は、絵画というメディアにおいては、よりいっそう確かに存在している。われわれが生きるまさにその世界であるところの世界、その世界に人間は生きているのだが、「世人」はそれを忘却している。この忘却、あるいは秘匿性からの離脱は、「存在」の開示である。

ここで農民の靴は、「大地」と「世界」との間にある。ただ間にあるだけではない。ハイデガーによれば、「闘争」とされる。「世界」は、農民がまさに生きているということ、その次元にある存在であり、あえていえば、開かれた場所である。「世界」は存在の真理、存在がなんであるのかを開こうとする。かといって、単純に開かれているのではない。一方で自由に処理できないし、伏蔵されたものに基づく。

「大地」は農民が労働という働きかけによって生活の糧を得ることができると同時に、このような「人間」の介入を拒絶することもある境位である。そして、それは隠された場所である。ハイデガーはギリシャ神殿を取り上げ、「大地」を説明している。過去の歴史的遺産であるギリシャ神殿は、ギリシャの風土、そこにある樹木や草、あるいは生きとし生けるものがひしめき合う世界を、われわれに直観させる力をもつ。このような事物全体をギリシャ人はピュシス（いわゆる自然）と名付けた。そして、ピュシスは人間の生きる世界を基づけるあの場所を開くのである。これを「大地」という。あえて誤解を恐れず言い換えれば、「大地」は人間にとっての自然である。そして、この「大地」は「世界」が開くのとは反対に、隠すのである。「大地」は自己閉鎖していながら現れるものでもある。つまり、「世界」も「大地」も「存在」に関わりながら、その働きの方向が反対なのであり、その相克が「闘争」なのだ。そして、「人間」が「存在」の現れる場所なのである。よって、「存在者の真理」は開かれつつ、隠されつつもたらされるという構造をもつ[11]。

仲田誠は「世界」と「大地」の「闘争」について、ハイデガーが出来事という別の言葉で表現していることに触れながら、精神分析の木村敏から借り受け、さらに別の言葉で説明を試みている。その言葉とは「アクチュアリティ（actuality）」である。それは何かが現れたり、隠れたりする「出来事」であり、「リアリティ（reality）」と対峙する概念である。そして、これまでのメディア論における「事実」観は、「リアリティ」の側に肩入れしてきたという。この「リアリティ」は、次章で取り上げる「臨場感空間」や高揚感と重なる概念なのだ。つまり、生きた世界で感じる現実性であり、感覚的な水準で強い体験を生み出すもので、これが「メディア的リアリティ」であった。「アクチュアリティ」では、生きた世界の現実性の水準が異なる。それが現れながら隠されることの相克として生成する出来事性である。つまり、心理学的な効果に回収しえない、存在の明け開けに関わるような現実性を意味する[12]。

ハイデガーの説明は、ゴッホの絵の解釈としては、あまりに主観的であり、そもそも「美」が芸術作品からこぼれ落ちるような解釈に対して批判がありうるだろう。なぜなら、ハイデガーにおいては、世界解釈は存在と死に収斂するが、愛やエロスといったものを人間の生の悦びとする価値観とあまり関わらないからだ。しかしながら、石田英敬によれば、このハイデガーの絵の解釈は極めてオーソドックスな方法であるという。というのも、靴、農民、その生活の情景へと、この靴の持ち主が生きる土地との関連を想像する方法は、記号論でいう意味単位の隣接性に基づく換喩だからである。[13]

もちろん、そうであるからといって、ハイデガーの解釈こそが正しいとする必要はない。というのは、そもそもハイデガー自身が開かれることと隠されることとの「闘争」として芸術作品を解釈しているのであるから、ハイデガー解釈に現れない、隠されていることもあるにちがいないからである。

繰り返すが、絵もまたメディアである。ハイデガーは芸術作品のなかにおいてこそ、意味を担っているモノが、その担っている意味を開き、そのモノが世界に「存在」していることを知らしめるという。これは知である。そして、芸術作品を含めてメディアには、その可能性が伏蔵している。これを和辻の「存在」解釈と接合すれば、われわれは意味を担うモノを、それを伏蔵する芸術作品を、メディアを有《も》つのである。そこで、世界がなんであるのかが開示される。このような芸術作品の意味、あるいはメディアを媒介として知らしめられる他者性に開かれているなら、われわれは前節で議論した「メディア主体」となる。

もし、この靴を見て、その靴を履き、農作業に従事し、生活の糧を得、まさに生きている「人間」がいたことに誰も了解しなかったら、この靴の意味は現れの場を失い、「存在」するとはいえないような闇のなかに埋没していただろう。ゆえに、隠されてしまうこと、それが「存在」そのものの秘匿性である。「人間」なるものが農民の靴という存在者（モノ）を解釈することによって、かすかに「存在」を幽霊のように垣間見るのだ。「存在」を闇のなかに埋没させたままにしておかない「人間」は、このとき、芸術作品なるメディアと間柄をもっているのであり、両者の間柄とは「メディア主体」なのである。よって、われわれは芸術作品とともに生きている。そして、芸術作品は共同性の一部を担っている。

それは翻って、「存在」が意味を担う農民の靴というモノをわれわれに贈り出すことである。つまり「存在」からの贈与なのだ。「存在」は存在者を、つまりモノを贈り出すことによって、自らは隠れることによって現れる。つまり、幽霊のような曖昧な存在である。そして、この隠れていながら現れている「存在」を了解する「人間」を求めている。人間はこの贈与が何であるのかを究極的に理解できない。しかしながら、贈与には返礼の義務がともなう。それゆえ、「人間」は存在者を語ることによって、隠されたものを露わにしようと試みる。それは「存在」との対話である。おそらく、詩や芸術とは、このような「存在」との対話の具体化であり、メディアなのである。つまり、幽霊の出現という出来事を保存しようという、一般には理解し難い秘匿を隠し持つ「覚え書き」なのだ。さらに翻って、「人間」は隠れた存在の贈り物を受容する場所であることを意味する。メディアもまたこのような贈り物の可能性を隠し持つ存在者である。

第一三章　コンピュータ端末における自覚

一、インターネットと高揚感

インターネットを利用すれば、多少の巧拙の差はあるにしても、求める文字、画像、音声、動画などの情報を見つけ出すことができる。それらは相互につながっており、なおかつ、自分の感じたこと、考えたことを貼り付け、さらにつながることができる。現在のウェブは大規模の知識アーカイブを実現し、今後もその方向は進んでいくように思われる。

かつてなら、われわれは図書館に行き、索引や引用から本や論文を探し出したわけだが、本や論文の数はあまりに多く、それらを網羅することは現実的には不可能になってしまった。もちろん、活用するのにも限界が生じた。デジタル技術をもちいた知識アーカイブは、アクセスの利便性や知識の網羅性から、これらの不可能や限界に対して、われわれの知性の補完をしてくれるようにイメージされる。

確かに効率的にもなった。何か資料を作成するにしても、汗水流して、図書館などに何度も何度も通い、求めているものかどうかもわからない資料を読み込み、むだなコピーをとり、付箋を貼ったりしながら格闘する必要もなくなってきた。いまでは、ＰＣの前だけで事足りてしまう。誰であったろうか、世界のスピードが速くなったとは、買い換えのサイクルが速くなったことだといっていたが、消費だけではなく、知的生産の場面でもまた、世界のスピードが速くなってしまったようである。

デジタルな環境のなかでうまく仕事が進めば、かつてより効率的である以上、仕事の達成感も大きくなるにちがいない。かつて図書館に通ったりといった時間がつくり出した充実感とは異なり、データベースを使いこなす充実感が生じるにちがいない。このような知識アーカイブというデジタルな「覚え書き」を前提とする社会生活において、知ることは、「データベースのプログラムに潜在的に含まれている『結果』をうまく引き出す『オペレータ』」に担われているようなものである。

このとき、人間はプログラムの機能従事者のごとき存在である。まだＷｅｂ２・０が浸透していない二〇〇〇年ごろ、室井尚は知識アーカイブにいつでもアクセスできる環境が、むしろ無力感とシステムへの従属意識を高めるだけであると危惧していた。その見立ては、時間的存在者であり、探求者としての人間と知との関係のなかで、必然的に発生すると考えられている。確かに、データベース化された知識アーカイブは、われわれが何か知りたいときに、簡単に答えを与えてはくれる。しかしながら、室井は知識に向かう衝動や動機を与えてくれるわけではないと指摘する。室井のこの指摘は、ソクラテスの文字批判を思いださせる。つまり、自ら探求することなくして得た知識は、知識の外見にすぎないのであり、そうであるにもかかわらず、博識家として自惚れるわけだから、知に必須の対話が後退してしまったことになる。

このように室井はデータベース化された世界における知のあり方を批判し、以下のような指摘を行っている。

電子的データベースを手にして知性が増幅されたと感じるのは、ちょうど巨大な図書館や書店に入った時に感じる高揚感と同じであり、要するに巨大なシステムに融合しているという錯覚なのだ。(1)

インターネットに接続し、求めるデータを検索し、見事にピンポイントで探し求める体験には、何か高揚感が生じてしまうと室井は指摘する。Ｗｅｂ２・０以降、双方向性がその可能性として喧伝《けんでん》されたが、室井の見立てを引き継げば、その巨大システムに自らが書き込めば、さらに高揚感が生じていることになる。

この高揚感というのが、ちょっとした曲者なのだ。常識的な感覚であれば、高揚感は肯定的に受け取られる感情であり、一つの幸福観とさえ受け止められている。しかしながら、この高揚感はソクラテスに言わせれば、「自惚れ」から生じる感情ということになるのかもしれない。

われわれは心が動かされる、感動する、楽しいという感情を肯定的にみなすが、この感情の無前提な肯定は心理主義となってしまう。心理主義とは、人間の心（気持ち）を大切にすべしという価値観であり、その価値観から生み出される技法が重要であるとする立場である。ゆえに、肯定的な気持ちを肯定する。さらに心理学や精神医学の知識や技法が、多くの人々に受け入れられている現在、社会から個人の内面へと関心が移行する傾向が生じている。書店の棚を見れば、自己啓発書、俗流心理学、ポップ心理学、占い、スピリチャリズムの本が数多く並んでいる。これらにより、われわれは心を理解し、他者との共感を得、自己実現し、人生を豊かにできるというわけである。このような知識や技法が社会全般に張り巡らされていることを、社会の心理学化という(2)。社会の心理学化の何が問題なのかと疑問に思うかたも多いだろう。ここで詳細を論じることはしないが、心なるものがいかに操作されやすいものかという事例を取り上げておこう。

一九七三年、ストックホルムで銀行強盗事件が起き、犯人は四人の人質をとり、一八一時間経ってやっと解放された。警察の突入で解決されたが、突入の際、人質の女性たちは監禁した犯人をかばったという。また、犯人を逮捕した警察を非難し、そのうちの一人はなんと犯人と結婚までしてしまったのである。このように人質が犯人と特別な感情を共有することを「ストックホルム症候群」と呼ぶ。ちなみに人質同士も仲良くなっている。この事件以降、類似した事件の場合、人質が「ストックホルム症候群」にかかっていないか確認したうえで解放するようになった。

通常、この現象は臨場感空間という概念で説明される。犯人と人質は、生死に関わる極限状態にあり、そこでは長時間、支配と被支配の関係性におかれている。このような状況を臨場感空間と呼び、両者の間にはラポール（融和状態）が生じやすいのである。結婚した二人が真実の愛を見つけたと、われわれは理解してしまうかもしれない。しかし、ここにあるのは恐怖と支配という非人間的空間での臨場感、言い換えれば、高揚感である。そして、この高揚感は支配を支配としてではなく、愛や楽しみといった心理による理解に向けてしまう。恐怖というのは、〝まともな心をもつ土台を荒らしているのであるが、臨場感空間はそれを覆い隠してしまう。ちなみに人間は、臨場感空間を支配している人物にラポールを抱く傾向をもつ。この技術を一歩突き進めれば、洗脳はすぐ手前にある。(3)

われわれは酒を飲んだり、祭りに参加したり、あるいはコンサートに行ったときの高揚感を、一時的な現象であると知っている。つまり、高揚感は、その人物の心理の一部でしかないからこそ〝健康的〟なのであるが、この高揚感こそが〝人間の真実〟であるとみなされることがある。この高揚感が自己実現や世界の真理とつながると、宗教的な装いをもつことになる。あるいは一時的でしかない高揚感を継続的なものにしようとすると、高揚感を与える事物や現象に嗜癖し依存することさえある。(4)

このような臨場感空間という概念から高揚感を理解していけば、インターネットあるいは知識アーカイブと関わるときの高揚感は、どのような位置づけになるだろうか。それはデータベースとつながることによる知性の増幅の感覚である。インターネットという無尽蔵な「覚え書き」と接続することによって、それが真の知であるかという吟味とは別次元で、効率性に支配された領域で、ＰＣを操作し、ネットを探索した末、情報を獲得したときに生じる感情であり、前章で指摘した「メディア的リアリティ」である。

このような高揚感は、ネットと接続していれば、あらゆる場面で生じている。ツイッターでフォロワーの数が、ブログのアクセス数が増えれば、あるいはＬｉｎｅで既読になり、レスポンスが即時返信されたり、スタンプを獲得したりなど、これら新しいメディアには、ちょっとした楽しみが見事に組み込まれている。いま有害メディア論を主張しようということではないが、これらの小さな楽しみ、高揚感が嗜癖化をもたらすことは大いにありうる。そして、この感覚が室井の指摘する「要するに巨大なシステムに融合しているという錯覚」を、非常にパーソナルな空間で行っているだけということではないだろうか。つまり、システムに依存し、その代価として疎外を受け入れていると。

カーによれば、インターネットという知的道具はわれわれの脳を変えてしまう。インターネットは人間が有する能力のうちで、判断力、知覚、記憶、感情を最初のうちは増幅するが、結局それらを麻痺させると指摘する。カーのいう増幅とは、いまとりあげた臨場感空間と同様、メディアと関わる高揚感と重なる指摘である。インターネットを読む行為では、人間の深い読みや集中力は起きにくい。その意味で、われわれは機械に依存してしまう(5)。と同時に、システムはその疎外を忘却させる見事な仕掛けとして〝楽しみ〟を送りつけているのではないだろうか。「反省的」

なのではなくて、「反射的」な悦びに耽溺する仕掛けということはないだろうか。そもそも効率性や速度を追求した機械が、インターネットやデジタル機器なのであるから。

二、西田幾多郎の自覚論

前章で位置づけた「メディア主体」という概念からすれば、インターネットや知識アーカイブと関係性をもつわれわれの輪郭は、メディアを通して異人や他者が訪れる可能性をもつはずである。しかし、前節で見てきたたように、インターネットや知識アーカイブの端末で、少しばかりの高揚感を〝楽しみ〟として、あたかもそれらシステムに依存するのが現代の主体のありように見えてくる。

例えば、ボルツはメディア・コミュニケーションにおける人間の主体性は後退してしまったと、明確な指摘をしている。かつて理性的判断を下す人間の主体性という神話が存在したが、その神話が覆い隠すものがあるという。それは、現実が相互に結びついているメディアによって生成されていることである。コンピュータの発達は、その技術が推進するフィードバック回路に取り込み、非主体的な存在として、人間を位置づけてしまう。インターネットが特にそうであるが、メディアは人間の代わりに情報を集め、予想まで立ててくれる。よって、人間はそれらの負担から解放される。先の読めない不確実な現代社会において、人間はメディアに依存し、人間のコミュニケーションは非主体化されるのである。デジタル技術とは、このような世界を目指してきたし、効率性という観点からも見事に適合的である。よって、人間の未来はグローバルなネットワークにおいて拡張されるアルゴリズムの美学に委ねられるという。(6)

このような未来像が絵空事だと片付けられるなら、現実の、あるいは技術の力を見失っている。前節で見てきたように、われわれは知という場面において、知識アーカイブやインターネットに依存し、ボルツが言うようにネットのフィードバック回路に埋め込まれているだけで、ときにクリックしたり、なんということもなく文章を書き込みするだけである。その現場では、ちょっとした高揚感を引き換えにして、われわれはネットワークの結節点となり、ネットワークに奉仕しているだけにすぎないと思われてくる。

ここに来て、人間主体の可能性は喪失したのだろうか。二つの可能性が残されているように思われる。人間主体がフィードバック回路に組み込まれているとしても、そこから外れる可能性がある。端的に危機において。3・11のような災害時、外部からの強烈な力によってフィードバック回路はその不完全さを露わにする。あるいは、人間主体はコンピュータに接続する欲望をもつが、その理由は自らの不完全さを補完するためである。しかし、人間の欲望は完全性を目指すのみではない。優柔不断な人間はコンピュータとのつながりから一歩抜け出すこともあるのではないか。

この二つの可能性はコンピュータとの断絶に新たな展開を見ているが、コンピュータなどのメディアとの共生において、われわれ人間主体が垣間見える可能性を探ることもできるのではないだろうか。前章で確認した「メディア主体」の可能性はないといえるだろうか。そこで、人間とモノとの原理的な関係を探る西田幾多郎の哲学から、その可能性を救い出してみたいと思う。

ここでは西田哲学の自覚と行為的直観という二つの概念に絞って、上記の問題に接合していきたいと思うが、その前に彼の処女作『善の研究』（一九一一年）で提起された純粋経験について触れておこう。なぜなら、西田哲学は実在をめぐる問いからはじまり、常にこの問いに帰還する。そのため、その問いに対する答えとして当初導かれた純粋経験を理解することは、ここで取り上げる自覚と行為的直観を理解するうえで必要な作業と考えられるからだ。言い換えれば、純粋経験なる概念は西田の吟味を通して批判的に省みられるが、その過程のなかで見いだされたいくつかの概念のなかに自覚と行為的直観は位置する。

純粋経験は知そのものである。ただそれは、私が知っているということではない。ただ知るということが存在しているのだが、知るということが存在しているということ自体が、事後的な認識でさえある、そのような知である。

経験するというのは事実其儘《そのまま》に知るの意である。まったく自分の細工を棄てて、事実に従うて知るのである。純粋というのは、普通に経験といっている者もその実は何らかの思想を交えているから、毫《ごう》も思慮分別を加えない、真に経験其儘の状態をいうのである。たとえば、色を見、音を聞く刹那、未だこれが外物の作用であるとか、我がこれを感じているとかいうような考のないのみならず、この色、この音は何であるという判断すら加わらない前をいうのである。それで純粋経験は直接経験と同一である。自己の意識状態を直下に経験したとき、未だ主もなく客もない、知識とその対象とがまったく合一している。これが経験の最醇《さいじゅん》なる者である。(7)

(ルビは引用者による)

われわれは主観と客観という構図を描く。メディアとの関係において、この構図を接合すれば、私とテレビ、われわれとインターネットと対立的な図式を前提として議論し始めるが、純粋経験から見れば、この図式こそ人工的仮定にすぎないのではないかと問題を提起できる。純粋経験から導かれる世界観は、私なる主体があり、世界と関わっていて、世界を改変することができるとする主客二元論に対する反省的思考がある。西田は「われわれは世界の中で生まれ、世界の中で働き、世界の中で死んでいく」のであり、客観世界の外側に立つことなどありようもないと考える。こういわれれば、あまりに当然のことでもある。

純粋経験は「純粋」であるが、その意味は思慮分別が加わらない、経験そのままということである。と同時に、経験は分化発展しつつ、それら要素を意識が統一するという。このような性格を純粋経験の自発自展と呼び、常に生成するものとの含意がある。この分化発展しつつある過程で、そこで経験の一部を取り出すのが判断である。それゆえ、判断をどれだけ重ねたところで、もとの経験を汲み尽くすことはできない。例えば、物質的世界を理解する物理的〝判断〟は、経験の一部を取り出したものである。ゆえに、物質的世界の認識を深めても、現実そのままの実在というわけではない。しかしながら、純粋経験は主客未分でありつつ主客分化という矛盾を有する。そこで西田は純粋経験から自覚へと議論を展開する。純粋経験は三段階に分節される。

〔1〕意識の原初的ないし直接的な統一状態
〔2〕意識の分化・発展の状態
〔3〕意識の理想的ないし究極的な統一状態(8)

〔1〕は新生児の意識に見られるような潜在的な意識であり、感覚や知覚の主客未分の状態であり、原初的な経験である。ちなみに直接経験と呼ばれる。〔2〕は〔1〕が発展していく過程で、内部に分化した状態が生じている。この分化が大きな統一への前段階として生じていて、判断や価値などの反省的思惟の段階である。〔3〕は究極的な意味での純粋経験であり、宗教的・芸術的天才の経験である。その意味で脱意識的状態である。

このように意識の分別状態と無分別状態の統合として、純粋経験の無分別状態にのみ自足するように見られた『善の研究』での直覚主義の乗り越えが試みられた。このような意識の発展過程の全体、つまりそれが普遍的意識であるが、そこに自覚なる働きを西田は見いだす。狭義の純粋経験と反省的思惟は自覚の二つの契機にある。自覚は単なる反省的思惟とは異なり、反省的思惟を組み込みつつも、純粋経験なる実在なのである。

それゆえ、自覚は俗にいう反省、あるいは自己意識と同一概念というわけではない。しかしながら、自覚においては、自己が自己の作用を対象として、それらを反省し、その反省が自己発展するのであり、その意味で反省を弁証法的に組み込むのである。ちなみに西田はこのような自覚の現象を「自己の中に自己を映す」と表現する。もっとも素朴に言えば、自覚は知ることであり、その気づきである。あるいは、自己との出会いである。

そのとき、知る場所が私でもある。例えば、私はプロレスファンである。そのことを私は知っているが、それだけでは自覚ではない。私以外の人にも私がプロレスファンであることを知っている者がいるが、私が知っている仕方とは異なっている。つまり、私がプロレスファンであることを、たまたま私の立場から知っているだけでは事足りないのである。その知っているということが、私という場所で起こっている。

このように私が知ることと、その知る場所が私であることが入れ子構造のように成立していて、それが知ることであり、自覚なのだ。だから、自覚は私を超越し、私を包摂するものが私自身であるという構造の成立にある。そして、自覚が先の〔2〕の意識の分化、発展が担保するのは、私という場所で、私が私ならざるものに出会うことでもある。

自覚は他者との出会いでありながら、その場所が自己なのである。そのうえで、この他者は自己の理解を超絶しているのであるから、そのような他者性をもつ他者を受容する自己は、既存の自己に拘泥していては受容不可能である。こう考えると、西田のいう自己とは、主体的に対象を選択し、評価し、自らの行為をさらに選択するのではない。自覚はそのまま自己の書き換えのようなものにならざるをえない。そのような世界に即答することが西田の主体なのであり、次節で取り上げる行為的直観なのである。

三、メディア来たって我照らす

自覚は主体の内部のみに照準を当てる概念のように見えてしまう。その意味で、プラトンの「魂の内なる対話」論を想起させるものであるが（第八章二節参照）、プラトンが「覚え書き」に対話の可能性を見いだしたように、西田にも主体とその外部とのコミュニケーションに照準を当てた概念がある。それが行為的直観である。

われわれは行為と直観を異なる事象であると考えるのだが、西田はその矛盾を乗り越え、この対立し矛盾している行為と直観が同一場面において生じているという。われわれは直観という概念を安易に理解したつもりになるのだが、西田において、直観とは、主体とモノとの関係性に命名された概念である。つまり、直観はモノを見ることに他ならない。行為は働くことに他ならない。

われわれは行為することによって直観し、直観することによって行為する。この行為と直観の矛盾的でありながら、相即不離であることが、すなわち行為的直観である。西田はわれわれがモノの世界で生きているからこそ、行為が生成すると考える。ただこのとき、モノを単に物理的な存在として位置づけているわけではないことは後で説明する。日常の場面で、われわれはモノを知り（直観し）、それゆえ行為する。それはモノによってわれわれが働くともいえる。これは芸術的制作においては理解しやすい概念である。

モノを制作すること、創作を、西田はポイエシスという。これに対し、自己をつくることをプラクシス（実践）という（第五章二節参照）。例えば、画家の活動では、画家はある対象を見る。見るものは、心のなかでつくりあげた対象でもいいだろう。この対象は画家を動かす。このようなモノからの働きかけが、ある極点に達し、それを外部に表現したいと欲望する。そこで筆をとり、カンバスにその対象を描きはじめる。この絵を描くというポイエシスは、対象を見ることが、創作の原点である。そして、ポイエシスによって外部化された作品は、ルターで取り上げた「書くことの対話性」（第一〇章三節参照）と相同の構造をもつことになる。

画家が描いたものは、画家の外部でひとまず未完成の絵画として表出する。その未完成の絵画は、翻って画家の次なる行為を限定する。この繰り返しの先に、絵画の完成がある。絵画は独立している。その意味で、画家の外部に存在するのだから他者性を帯びている。しかしながら、画家が全身全霊を込めて創作するのであるから、画家の本質を分有してもいる。と同時に、他者性を帯びた絵画を直観することは画家自身を知ることにもなる。西田はこのようなポイエシスの場面を見つめて、働くことは見ることであり、見ることは働くことであるというのだ。

このように外部化されたモノが、物理的には規定し難いことはわかりやすいだろう。このようなモノの性格について、西田は「物の真実に行く」との表現をする。西田の表現は一般的な理解とはズレがある。西欧のモノの見方は科学的であり、モノを対象とした論理であるが、西田のそれは異なっている。もちろん、科学的なモノ概念の有効性を認めつつ、行為的直観において、「物の真実に行くことである」とか、「自己が世界の物になることである」との言葉で、モノのありようについて説明を施している。

「物となって見、物となって行う」との意味はわかりやすいわけではない。優れた芸術家や宗教家の境地のようなものでもあるだろう。しかし、行為とはモノが真にわれわれを動かすこと、意味を担う事物がわれわれを動かすからとでもいえば、単純化は免れられないかもしれないが、真っ当なことである。その究極の形として、「物となって見、物となって行う」「物の真実に行くこと」、自己が世界のモノになるというのである。このとき、モノは自己否定の契機が不可欠となる。われわれの行為は、既存のわれわれがモノを媒介とする自己否定を通じ、モノと出会い、そのモノになることによって歴史的に生成されていく。と同時に、モノは自己の内なるものという内即外、外即内としてある。

このような西田の独自の弁証法は絶対矛盾的自己同一というが、難解でもあり、ここでは深入りすることは避けておこう。

西田は自己を歴史的世界においての事物であり、モノもまた歴史的世界においての事物であるという。そのうえで、自己を離れてモノはなく、モノを離れて自己もない。これらは歴史的事物の論理に含まれている。このような西田の歴史的世界におけるモノは「物」であると同時に「事」でもある。モノは「物事（ものごと）」なのだ。第三章三節でメディアの定義づけを行ったが、そのときのメディア概念と「物事」という概念は似ていると見ていいはずである。そこに意味を担いつつ、歴史的構成物としてのモノを見いだすことができるのである。

西田は行為的直観に関係して、「物来たって我照らす」という。これはわれわれが主観的に考えるのではなく、「物」がやってくることが、われわれの理解であり、行為であるとの意味である。西田は媒介物という言葉を使うことはあるが、今日的な意味でのメディア概念を使っているとは言い難いかもしれない。しかしながら、媒介物も「物」も、その意味内実にメディアという意味を読み込むことができる。西田がメディアについて直接語ることは少ないのだが、以下のような議論を行っている。

私は現在私が何を考え、何を思うかを知るのみならず、昨日何を考え、何を思うたかをも直ぐに想起することができる。昨日の我と今日の我とは直接に結合すると考えられるのである。これに反し、私は他人が何を考え、何を思うかを知ることはできない。他人と私とは言語とかいう如きいわゆる表現を通じて相理解するのである。(9)

確かに昨日の私と今日の私は、記憶によってどうにかつながれ、私なるもののアイデンティティを見いだすことができる。しかし、私と他者との間には、記憶のようなつながりを見いだすものはありえない。そこで両者の関係性を救い出そうとして見いだされるのが、言葉や表現であるメディアなのだ。このような西田のメディア論は音や形など記号表現にも言及されている。確かに本書の趣旨からいって、メディアと名付けることができるモノによって、我と汝はコミュニケーションしているのだが、しかし、我と汝は絶対の他なるものである。ここでモノがモノとして、あるいは他者が他者として自律していることを認めることは、自己に否定的に現れるそれらを認めることであり、翻って、自己が他者から認められることになる。この関係性が自己を主観内部で閉塞させることから救い出す論理でもある。それゆえ、自己は変化し歴史性を有する存在となる。

言葉やさまざまな表現をするメディアは、社会的・歴史的事物である。それらを共にしているということで、我と汝という絶対の他としてのわれわれが通じてしまうわけである。そして、これらは言語やメディアだけではなく、環境やモノ一般においても同様なのだ。これらは我や汝の固有性や独自性を否定する。つまり否定されるものにおいて関係性が具体化する。この否定の根底には絶対無なる「絶対に他なるもの」があるというのである。

このような他者やモノの外部性を乗り越える西田の見方は、モノや対象が「外なる外」にあるのではなく、「内なる外」にあり、それは「自己における外」であると考えられる。ゆえに行為的直観においてモノの本質は直観される。そして、このモノは「山の身になって考える」と西田が表現するように、山という生態系から環境全般をも含んでいる。結局、モノは世界を指すことにさえなるだろう。

これまで論じてきたように、西田の行為的直観、あるいはポイエシス論におけるモノ概念はメディアに接合可能な概念とみていい。つまり、「物来たって我照らす」とは「メディア来たって我照らす」でもあり、メディアとの関係性から「物の真実に行くこと」「自己が世界の物になること」に「照ら」される可能性が救い出される。メディアがやって来て、私を「照ら」し、理解させてくれる。そして、この行為的直観の「我照らす」とは、自覚の論理なのであり、世界に気づくことである[10]。

コンピュータの前に座り、スクリーンを眺め、マウスを操作する私は、確かにネットワークの結節点のようではある。確かに、自分勝手にコンピュータを利用していると考えていたとしても、そのじつ主観的に振る舞い、考えているわけではない。しかし、そこで「照ら」される可能性は残る。自覚は可能性になる。われわれとメディアの共生系において、コンピュータはわれわれを限定する。そこには二つの可能性があると見なければならない。一つはコンピュータおよびそのネットワークや知識アーカイブそれ自体を世界として、われわれが限定されること。それほどこのシステムは強力である。そのとき、われわれは世界自体がこの強力なシステムであると錯誤する可能性もある。

もう一方の可能性がある。そもそもこのメディアシステム自体が世界の自己限定であり、よってコンピュータのスクリーンが「真実」を運んでくる可能性がある。第一章の映画『軽蔑』の体験のように。そこで、われわれが可能性の根拠とするものは、和辻がいう他者性ということになるだろう。先にメディアには我と汝の否定があることを確認したが、軽蔑の例でいえば、映画『軽蔑』を観る前の私の軽蔑に関する漫然とした理解は、映画『軽蔑』によって否定され、新たな軽蔑に対する理解を生み出したということになる。他者性を運んでくるのは、実際の人間でもあり、モノであり、メディアである。それらに加えて、環境や自然を忘れてはならない。こう考えれば、本章二節で考察した人間主体よりも、より深いものがメディアシステムに期待することもできる。その鍵は、自覚であり、「メディア来たって我照らす」という経験にある。

このように西田の自覚と行為的直観からメディアを考察すると、われわれがシステムに奉仕しているかのように見えるシステム社会にあっても、具体的な生活場面という「端末」においても、「物の真実」が直観され、働きそのもののなかで、自己が自己を見いだす的確な知に気づく可能性はあるといわなければならない。知に気づくなら、次に対話が待ち受けているはずである。

と同時に、あえて付け加えておくが、スクリーンにだけ没頭するのではなく、スクリーンから目を離すことも重要であることは確認しておきたい。なぜなら、スクリーンだけではなく、自然や環境も「物の真実」の宝庫であることは間違いないのだから。

第一四章　メディア技術の徴発性（Gestell）

一、技術の二面性

メディア論を学ぶうえで、マクルーハンを外すことはできない。彼がつくり出した「地球村」という用語は、テレビの時代にあってリアリティをもったが、インターネットの時代になり現実になったとの見立てを生み出してきた。「メディアはメッセージである」という言説は、人間に影響を及ぼすのは、情報の中身以上に、それを運ぶテクノロジーにあると主張したものであり、人々にメディアに対する新たな視野をもたらした。つまり、メディアというものは、われわれの身体の拡張に他ならないわけであり、翻って、そのようなメディアがわれわれを「マッサージ」してくれるともいうのである。

例えば、テレビが伝えるイメージや情報の戯れにわれわれは心を奪われることもある。テレビの全感覚的な受容により、あたかもテレビが人間の心身の内側に向けてマッサージを施すような力をもってしまう。このような状況を、マクルーハンは身体の「内爆発 implosion」という。

文字は視覚の延長であり、それによって世界のさまざまな情報を吸収することができるし、電話は聴覚の、テレビという映像は視覚と聴覚が複合した感覚として、身体の各部門が対応している機能が身体の外部にまで拡張していると考えるのである。インターネットは中枢神経系の拡張である。「メディアはメッセージである」とは、メッセージとは異なる次元にあるメディア自体が、身体拡張の原理をもつゆえ、メッセージよりもメディアの方が、われわれの生きる世界を構造化する力をもっているとの主張である。つまり、メッセージを受容したり、解釈したりする以前に、メディア自体がなければ、それらは不可能なのである。

そして、人類はメディアを使って、時間空間の制限を乗り越え、自らの身体性を拡張し、世界を広げてきた。しかしながら同時に、マクルーハンはこのような感覚器官の拡張によって、人間が持つ他の感覚や能力を弱めてしまったとも指摘している。本書でも取り上げた「活字人間」は客観的で論理的な思考を推進し、近代的個人をつくりあげるのに大きな手助けをしたが、「声の文化」がもつ世界と融合した人間を後退させもした。このようにテクノロジーは新しい環境を生み、人々はそれに適合するが、気づかぬうちになにがしかを失っているのである。マクルーハンはこのような認識から、メディアというテクノロジーに焦点を当て、テクノロジーの影響に注意を払うように促したわけである(1)。

マクルーハンのテクノロジー観は楽観的に見える。それは技術への価値判断を保留していたためかもしれないが、テクノロジーの異なる世界に適応することを肯定しているように見える。マクルーハンの言説は、テクノロジーの影響を可視化しようとする試みであり、マクルーハン自体がメディアになっている。つまり、多くの人々がマクルーハンの言葉に耳を傾け、メディアの論理と人間の倫理について関心を寄せてきたのである。「メディアはメッセージである」から、テクノロジー支配になりうる。よって、人間はどうすべきかと。

合庭淳はマクルーハンが新技術導入に関して楽観的であるのに対して、次節から取り上げるが、ハイデガーは批判的であり、対照的であるとしている。マクルーハンの技術楽観論の典型として、オートメーションがあげられている。オートメーションは人間の労働に新たな局面を与える。かつての機械は人間の結びつきを希薄にし、作業に対する姿勢をも希薄にしたのに対して、オートメーションではそれらに深みを与え、人間関係のパターンが深層的、統合的、分散的（部族的）になると肯定的評価を与えている。

機械は文字文化に対応し、オートメーションは電子メディアの文化に対応しているが、前者は機械が人々を分断したのに対して、後者はオートメーションにより、中枢神経系がつながれ、人々が融合しているというイメージである。このように、マクルーハンは「技術が、世界の現出において不可視的な役割を果たしていると考え、世界という実態の背後に隠された背景があることを見抜いていたと言う」のである。(2)

われわれは道具を自らの意志で使っていると考えている。ナイフは料理に使うこともできれば、人殺しに使うこともできる。しかし、その扱いはわれわれに委ねられている。このような人間の主体性に道具がしたがうと考えることを、技術道具説と呼ぶことができる。確かにナイフであれば、技術道具説は説得的に思われる。しかし、この道具を高度に発達した科学技術に適応した場合、技術道具説は説得力をもつといえるだろうか。

インターネットであろうが、スマートフォンであろうが、われわれはこれを道具であるとするので、「きちんと使いこなせればいい」と考えがちだ。しかし、その反面、子供が出会い系サイトを利用するなどの問題から、「子供からネットを取り上げろ、スマホを制限しろ」との反応も繰り返し起こる。そこで、後者の問題点について対応しようと、メディア・リテラシーの重要性が説かれたりもする。そこには、技術に翻弄される人間像を子供に投影した見方があり、技術道具説では説明できない道具観、技術観があるといわざるをえない。

このような技術に対する分裂した見方は、別にいまにはじまったことではない。例えば、朝日新聞が福島原発事故およびその問題について報じた連載「プロメテウスの罠」のプロメテウスとは、ギリシャ神話に登場する神の名前であるが、この神の行いには技術に対する分裂した見方の雛形がある。プロメテウスは全知全能の神ゼウスに逆らい、人類に火を与える。火は文明をもたらし、人類を進歩させたが、すべてを焼き払う人類の敵ともいえる力をもつ。このような人類への多大なる恩恵と、人類の制御を超えて暴走するリスクを併せもつ科学技術の二面性を表すのが「プロメテウスの火」である。

ギリシャ神話には、技術に関して示唆的なダイダロスの物語もある。名工ダイダロスは怪物ミノタウロスを閉じ込める迷宮をつくるが、自らが幽閉されてしまう。彼は鳥の翼をまねて、人口の翼をつくり脱出を試みる。息子イカロスは自らを神々と勘違いするほど高く飛びすぎたため、太陽に近づき、翼の蝋が溶け落ちてしまう。結局、彼は墜落して死んでしまうのである。

室井尚はダイダロスの神話のなかで、自らつくった迷宮に閉じ込められるダイダロスの姿に、「ますます巨大になるテクノロジーのシステムのなかで身動きできなくなってしまっている現代人の姿を思い起こさせてくれる」と指摘している。また翼の物語には、「技術はこのようにして必ず人を裏切る」「いったん生まれた技術はその制作者の意図を超えて、さまざまな使い方をされる運命にある」として、調子にのって技術の使い方を間違えれば、人間に災いをもたらすのであり、それは技術の不可避な宿命であるとも指摘する。(3)

イカロスは人工の翼を手にして自由になろうとした。しかし、その自由をもたらす技術に翻弄され、いつの間にか、人は従属してしまうのである。そして、現代の科学技術は単独の機械として存在しているのではなく、複数の機械が相関し合う巨大なシステムとして自律している。人間はこれらを制御できると考えているが、そのじつ技術の本質を操作することはできない。

われわれはモノやメディアをコントロールすることができると考えがちである。つまり技術道具説を信じがちである。「インターネットは道具にすぎない」との主張はよく耳にする。確かにナイフ程度であれば、その使い途の善悪はわれわれの自由意志に委ねられている。その意味で、ナイフと人間の関係性を技術道具説として位置づけることは妥当に思われる。しかし、ハイデガーの近代的技術に対する態度は悲観的である。そこで重要になる概念が徴発性[4]（Gestell）である。

ハイデガーが徴発性（Gestell）なる概念をつくり出し説明しようとしていることは、このような単体での道具について語っているのではない。「徴発性（Gestell）とは総動員体制」であるという。つまり、自動車とかテレビやスマートフォンといった個別の道具が技術そのものなのではなく、あらゆる技術製品の背後にあり、その技術を稼働するシステムを含めて技術なのである。そして、これらを商品としてわれわれが享受させようとする力が徴発性（Gestell）なのだ。

技術はシステムであるのだから、自律運動する。当然メディアも自律する。コンピュータネットワークとはまさに自律する運動であり、その端末でクリックする存在がわれわれであるとすれば、このメディア技術を単なる道具であるなどとみなすことはできない。そもそも言葉自体が自律するシステムである。「言葉はものを名指し捉まえるものではない。目の前の事象現象を描写する手段ではない。言葉こそが、目の前にあるものに、現前する場を与えている」とハイデガーが指摘するこの言語観は、言語を道具と見なすことを拒否する。人間（現存在）は自律した存在である。しかしながら、その自律そのものが「徴発」されたゆえに自律しているともいえる。言葉によって「徴発」され、自律した人間（現存在）は、近代社会のシステムによって、「豊かな社会」「快適」「便利」「幸せ」、あるいは「経済」に「徴発」され、自然を収奪することによって、人間を資材に変えてしまったとハイデガーはいうのである。[5]

二、ハイデガーの徴発性（Gestell）概念

ハイデガーは「技術への問い」なる講演を行い、近代技術の特異性を指摘している。それは、一つの「発掘することEntbergen」であるという。「発掘することEntbergen」とは、人間と技術（メディアを含む）との関係系のなかに埋め込まれている可能性が、人々が意識するしないにかかわらず、もたげることとである。

しかしながら、この「発掘」は芸術的制作（ポイエーシス）という意味での「持ち来たらすことHervorbringen」ではないという。近代技術を統括している「発掘」は、自然に向かって強要して、採掘して貯蔵できるような、エネルギーの大量消費へと強要する。このハイデガーの言説は、エネルギーを大量に消費し「豊かな社会」を享受するその裏側に、自然を収奪し、ゴミや有害物質、さらに人間が処理することができない放射性廃棄物を大量廃棄する現実を言い当てているようである。

「持ち来たらすことHervorbringen」の近代的な技術の本質を徴発性（Gestell）という。徴発性（Gestell）の支配は、人間をいつも発掘・開発にのみ追随させ、それだけを営むよう促す。結局、他の可能性が閉ざされるのであり、発掘・開発にしたがうという習慣こそ人間の本質なのだと見立てることを信念としてしまう。このような近代技術の本質は、「自分自身を理解させないよう

にする仕組みであり」、危機を危機として認識することを妨げるのである。それゆえ、ハイデガーは技術の近代的な現れではない芸術の可能性を強調するのである。技術の本質は、技術的なものではないのであり、芸術にこそ割り当てられていると。(6)

岩田靖夫は存在の現れとしての出来事（エルアイグニス）の歴史的展開を以下のように要約し、徴発性（Gestell）を位置づけている。

語りえざる同一者（それ、es）から贈りだされた現存在と存在は相互依存関係のうちに世界の運命を形成しているが、このエルアイグニスの生起は、歴史の中で、存在をさまざまな姿で現してきた。すなわち、フュシスとして、ロゴスとして、ヘン（一者）として、イデア（プラトン）として、エネルゲイア（アリストテレス）として、主体性（デカルト、カント）として、力への意志（ニーチェ）として、そして、現代では、組み立て（Gestell）として、である。(7)

フュシス以下の内実については、ここで詳細議論することはしないが、いわば神の顕現の仕方が、現代ではかつてとは異なり、人間がつくった技術やシステムの方に見いだされている。そこで、人間の主体性、人間の存在の意義は後退し、計算的思考の構成する構造化、つまり科学技術によってもたらされた科学、政治、経済、社会システム全体が支配するのである。徴発性（Gestell）は、回避不可能な現代の現実なのである。

徴発性（Gestell）とは、ドイツ語で立つところ、足場などの日常語だが、独特のニュアンスをもっている。古東《ことう》哲明によれば、Gsetellungsbefuhl（ゲシュテルンクスベフェール、召集令状）という言葉から、そのニュアンスを読み取ることができるという。召集令状には、個人の意志とは別に、戦場へかり出し、殺戮に駆り立て追い立てる強制的なフレームが意味に組み込まれている。(8) それだけではない。国家の意向に個人が従順であること、あるいはそれを正義とすれば、あたかも自らの意志で行為しているとの錯覚さえもたらすだろう。

近代技術の本質とは、召集令状のように、人間が技術によって強制的になにがしかの方向に向かわされてしまうことである。通常、人間は近代技術を自分たちがコントロールし使用していると思っている。しかし、ハイデガーの見立てによると、近代技術、テクノロジーの方が人間をコントロールしているのであり、超人為的構造をもっている。

われわれは気づいてはいないのだが、近代技術に追い立てられて生きているのだ。それがわれわれの生きる世界の、新たな隠れた「大地」になっているのである。言語を含めて技術は、人間が操作する便利な道具という仮の姿をしていて、そのじつ、人間の主体性を超えた力をもってしまう。それにも関わらず、近代技術が人間を徴発するのは人間本性の一部でもあるからである。

物資や資源を大量「徴発」し、人間をたんなる人材や人員とみなすこと。実際の戦場、企業戦争、交通戦争、市場の行き過ぎ、環境破壊、臓器や遺伝子が売買の対象となるのは、これらは進歩と繁栄と平和という羊の皮を被っているからなのかもしれない。もちろん、インターネットの発達と世界の速度化、スマートフォンや種々のデジタル端末機器の短期間での新商品開発と買い換えなども、これら徴発性（Gestell）の現れになるだろう。

徴発性（Gestell）は日常生活の水準においては、物質的豊かさ、快適な暮らし、便利さ、効率性などとして現れる。と同時に、これらは「巨大主義」を肯定し、「量的」なものが自己目的化する傾向を加速化することになる。例えば、オリンピックなどのビッグイベント、テーマパーク、チェーン展開、グローバル化等々、より早く、より長く、より大量に、より世界中に、より効率的に、より利益を求めるように人々を「徴発」する。もちろん、テレビやインターネットという、ときにグローバルな展開を可能にし、国内を一網打尽に情報化するメディアもまた「巨大主義」の現れである。

科学技術の進歩は、われわれに物質生活の豊かさを約束し、楽観的な未来像を提示した。ハイデガーの用語でとらえれば、物質的豊かさという存在者の次元で人間が操作することができるとし、モノという存在者を進化、拡充することができるとの信念が生み出された。

しかしながら、存在者の存在の虚無性、つまり存在そのものの無根拠性は本来的に解消しないのであり、この無根拠性は常にわれわれの足下を脅かす可能性をもつ。と同時に、物質的豊かさや科学の進歩によって、人間の不幸は解消されるかのように錯覚される。

科学においては、手段の目的化が起こり、総じて、人間の営み全般にも手段の目的化は伝播し拡大する。素朴な表現をすれば、目的は「よく生きること」「幸せになること」であり、物質的

Gestell のイメージ

「システム化された近代技術」には「モノ／メディア／芸術作品／他者」が散在しているが、それらは覆われている。右モデルでは、現存在（人間）は「モノ／メディア／芸術作品／他者」を媒介として、「存在」に触れやすい。しかし、左モデルでは、「モノ／メディア／芸術作品／他者」はシステム化され、自律した実体の分厚い層になっているため、「存在」に触れ難くなっている。

豊かさは、手段の一部でしかないのだが、この構図が逆転する。つまり、科学技術の進歩自体が目的化し、物質生活の豊かさが目的化してしまう。第五章で取り上げたＧＤＰが、その典型的指標でもある。

このように、本来目的ではない手段を目的のように僭称しあおり立てることを、ハイデガーは徴発性（Gestell）と呼んだのだ。目的の代用品でしかなかったものが、究極目的や根拠であるかのように時代や社会がセッティングしてしまい、人々はそれに煽られながら生きていくことになる。それとは気づかずに。

このように外部が内部だと思い込み、手段である外部を求め続けることが自律展開する、存在他律化が常態となってしまう。ハイデガーは地上の事物全体が機械的経済のなかに無際限に組み込まれたとみなすのである。近代の根本構造は、人間が機械と機械的経済のなかに組み込まれることである。人間中心であると思っている近代文明は、「機械的経済＝徴発性（Gestell）」に動かされている、これが真実の姿であるとハイデガーはみなす。

ハイデガーの徴発性（Gestell）による近代認識は、近代的主体性なるものを錯誤とする反近代的な認識でもある。われわれは自分の行為や思考を自分の意志で決断し編み出し、選びとっていると思ってきたが、例えばフロイトであれば、人間を動かしているのは自分たちも気づかない無意識であり、コントロールできると思っている意識の底に、人間の意識を規定する無意識を発見したように、ハイデガーは徴発性（Gestell）を見いだしている。

意識の先行性、主体の根源性は後退してしまう。つまり、人間の行為は個々人の自由な意思で決まるという近代的人間観の否定であり、人間主体への信頼が根底から問題視されているというわけである。このような認識からは、人間の自由意志や権能を超えた次元があり、人間はそれに規定されていると考えるようになる。

人間の主体性の否定としてもっともショッキングな議論として、人類学者アイクシュテットによる自己家畜化がある。近代化が進み、科学技術が発達し、効率化された世界のなかで、人間が人工環境のなかで自分自身を家畜のような状態に置かれることを享受してしまうことである。(9) 家畜という言葉のイメージとは異なるが、そのかなり極端な近未来の姿として、映画『マトリックス』（一九九九、米）での、仮想現実に眠っている人間と自己家畜化は重なるイメージをもつのではないだろうか。『マトリックス』では、登場人物が戦っているにしても、それを含めて、仮想現実という人工環境に奉仕しているとみなすことができる。また、アイクシュテットの家畜化では、自然から離脱した人工の世界にのみ生きるのであるが、『マトリックス』では、生身の身体が失われ、情報の世界だけに生きるという点で、人工の世界の自律に共通点を見いだすことができる。

科学技術や貨幣経済が発達した現代においては、社会はそれらシステムが供給する人工環境により自律してしまう。これまで自らつくり出すことに関わってきた食糧でさえ、自動的にシステムが供給し、自然の脅威から遠ざかりつつある。家畜は人間に役立つよう効率的に生産される。そのため、品種改良などによって技術的に生産される。現代社会では効率性を求め、狭い空間で大量に家畜を生産するため、驚くほどの抗生物質や化学物質が使われる。

同じように、人間もまた、システムの効率に資するように、人工環境に適合するように変化していく。しかし、それは人間の快適さや便利さを享受するようなものとして生み出されるので、人間にとって〝よいこと〟と通俗的には理解されている。つまり、自分は家畜になっているとは思っていないが、自ら進んで権力システムにコントロールされ、効率性のための歯車となることである。少しばかり誇大妄想的と見えるかもしれないが、非常に示唆的である。なぜなら、フーコーを思いだすまでもなく、自らが望んでいるような擬制をつくるのが権力であり、われわれは「効率的」「健康」「快適」「便利」などのマジックワードに弱いからであり、広告はいつもそのような言葉でわれわれを引きつけている。さらに、これらに〝地球にやさしい〟などと口当たりのいい環境意識が加われば、従順でさえある。ハイデガーが徴発性（Gestell）という概念から行った現代社会批判は、このような議論と地続きのように思われる。

三、「大地」の後退

そもそも技術とはなんであったろうか。それはギリシャ語でテクネー（英 technique）であるが、そもそもポイエシス、つまり制作・詩作である。その意味には、技術の手助けがなくては、隠され埋もれたままに終わっていたものが、技術を媒介にして地上に誘い出され、露わになることである。つまり、技術と芸術は相即不離にある（第一二章で議論したハイデガーによるゴッホの芸術作品解釈を参照してもらいたい）。その意義は、やはり「大地」に気づき、「世界」が開示されることであった。しかしながら、機械技術は「役立つ」「効率的」な道具主義なのであり、「存在」からの贈り物というわけではなく、その技術を使うと「世界」がなんであるのか開示されるというものでもない。「存在」「世界」「大地」は効率性、利便性、有用性で測られるものとは言い難いからである。

近代科学技術には特異性がある。近代科学技術は、ギリシャ時代のテクネーとは異なる新種のテクネーなのである。数学的・実験的物理学を自然力の開発や利用に応用することであり、自然科学の応用であり、自然現象があらかじめ算定できるものだということを確証するような知識の探求である。近代科学技術は自然現象を予測可能なものとして想定することによって、翻って、人間をそういう認識を前提とした行為に駆り立てさせる。そのため、算定可能性を実在とし、その閉塞した存在観を前提にする。そして、算定し役立てることで、そのような世界があるとみなすようになるわけである。この世界観は自然だけではなく、社会や人間に適応され、自然界も社会全体も人間も、一つの大きな工場のように、あるいは資材置き場の材料のように見立てられてしまう。人間の主体性があるかないかという水準とは異なり、人間は近代システムに役立つために従属し、人間は徹底的に他律的存在とみなされる。第四章で取り上げた原子論的自然観が、その対象を人間にまで拡大しているのである。

システムのために役立つという点で、もともとのテクネー・ポイエシスとは根本的に変質してしまったと考えられる。例えば、農作業であれば、農産物の生産という点で非在なものを露わにするのがポイエシスである。昔ながらの手作業による農法とは、根本のところを自然に任すのであり、自然との共生を前提とする営みである。しかし、近代的な機械農業では、例えば、生殖や生産過程に人為的なものまでが組み込まれ、自然を単なる素材とみなし、技術的に拡大生産し、人間の都合が優先される。それゆえ、遺伝子操作まで行われ、それが科学の進歩としてもてはやされる。自然の成長力に任せるのではなく、〝無理やり〟地面から引っ張り出し、自然界から強奪する。ついには自然自体を改造してしまう。現代では、農業はすでに食品工場になっている。

つまり、近代技術は「世界」を開示するのではなく、その道具性に由来する効率性、利便性、有用性から離れることなく、それらを再生産することに終始しようとする。

近代の社会システムは技術の道具的連関を主として構成されている。個別の技術、科学、機械を問題にするのではなく、ハイデガーの技術批判は、これらがシステム的連関となっている近代社会に対して行われるものである。技術らが効率手段やビジネスの道具とされて、目に見えない強制システムが徴発性（Gestell）である。物事を用象性において、つまり役立つか否かで評価することの構造化が近代であり、土地も水も、動物も、人間までも「役立つ」ものとして整序されているのである。企業社会では、よく人間を「人材」と位置づけるが、これもまた徴発性（Gestell）の現れとみなすことができるかもしれない。このような用象性によるシステムが勝手に動き、人間は服従していると考えられるわけである。

技術は人間の意志や欲望の一部を色こく反映させ、効率性や利便性に寄与する便利な道具となる。物事を用象として見て、便利になり快適な生活になった。これらは人類の夢の実現でもあり、「何か問題でも？」と考えるものもいるにちがいない。

しかしながら、ハイデガーの見立てによると、存在の根本変化があり、危険な兆候をもたらすというのである。そして、豊かな生活は確保できるが、引き換えに〈生〉を失う。〈生〉の固有性、単独性が失われてしまうのである。用象化を前提とする存在観のもとでは、何かに役立てば良いのであって、物事それ自体の価値や根拠を無視して生きろというようなものになるわけである。

例えば、ＩＴ革命にはある神話があり、地球規模で感染している。経済の再生、家庭・職場・

医療・福祉・教育などにおいて、ＩＴは産業革命に匹敵するバラ色の未来をもたらすという議論がなされていた。例えば、ｅコマースや国境なき情報交流がなされ、個々人も家庭も企業も公共組織も地域社会も創造的になり、雇用が増え、新産業や文化が生まれるというおとぎ話が語られた時代があったのだ。しかし、ＩＴ不況、労働技術の空洞化、新自由主義的世界の自律運動が進展し、それは典型的な徴発性（Gestell）劇であったことが明らかになった。

そこには、技術の人間化というヒューマニズムを背後に、用象化という超絶構造（Gestell）が鎮座する世界がある。テクノロジーという武器を利用して、徴発性（Gestell）は人間を使い始めたともみなせる。現代人は徴発性（Gestell）の使用人であり、疎外状態に陥っている。ネットはこういう徴発性（Gestell）のマクロな構造を、スマホや情報端末は徴発性（Gestell）のミクロ社会を推進するテクノロジーである。

そもそもメディアとは、人間の知に関わるのであり、ソクラテス／プラトンのメディア論で確認したように、自ら求めて成立するものである。いま、講義中にスマホを使いネットに接続しているとき、それは講義がつまらないとしているだけではなく、その接続による、ちょっとした楽しみと同時に、徴発性（Gestell）に従属しているとしたら、知の本性とはかけ離れてしまっている。

しかしながら、このようなハイデガーの技術論に対して、加藤尚武はギリシャ的なポイエシスを認め、徴発性（Gestell）の支配下にある近代技術との対比自体が間違っていると指摘する。ハイデガーの技術論は技術決定論であり、ノスタルジーであると批判するのだ。

素朴な自然さと人間性を大事にすることと高度の科学・技術を用いることを、わざと絶対に和解できないような対立関係に押し込めて、何か恐ろしい呪われた宿命的なジレンマにわれわれの文化が陥っていると思わせて、この絶望感のなかから暗いほのかな希望の一筋だけを見せるという手法で、ハイデガーの講演は組み立てられている。(10)

例えば、ハイデガーであれば、水車と水力発電を比較し、前者が根源的、後者が徴発的と区別を立てるだろうが、ローテクなら肯定できるというのは、技術理解が単一の原理に回収できるわけではなく、無理があるという。そのうえで、技術批判は一つの局面で、人間と自然の関わりがどのような根源性を守るのかを問うことにあると主張している。

この加藤の批判を受けつつ、ハイデガーの技術哲学を再考するなら、「大地」という根源性を担う概念について振り返るのも意義があるだろう。ハイデガーの『芸術作品の根源』では、芸術作品をつくる際の素材が「大地」であった。この素材が道具の物性を表し、この物性の媒介として、「大地」が隠されつつ、開かれるのであった。同様、科学技術もその物性から「大地」と化す。芸術作品は技術によって、「存在」がもたらせられたように、科学技術も「存在」がもたらせられるように思われる。しかしながら、芸術作品と科学技術では、「大地」のありようが異なっている。これについて、ハイデガーは特に言及しているわけではないので、本書における実験的考察になるが、最後に少しばかり議論しておくことにしよう。

芸術作品の「大地」はフュシス（自然）によって伐り開かれた土台であり、それゆえ、芸術作品にはフュシスが圧倒的な力で開かれることがある。このような「大地」のありようは、それ以上遡ることのできない存在論的規定をもつ。そもそも、すべてのモノや人間は「大地」なくして存在することができない。その意味で、人間が制御することはできないものである。繰り返すが、「大地」は隠れながら現れるという理解し難い「存在」のあり方である。つまり、われわれはいつも「大地」の上に存在し、大地の上を歩いているにもかかわらず、「大地」が存在していることなど忘却しつつ、生きている。ある瞬間、「大地」の存在に気づくことがあり、それは出来事として、特別な意味をもちうるということである。ハイデガーは、その出来事性をエルアイグニスと呼んだ。われわれは「大地」がなければ、存在することさえできないし、歩くこともできない。それが「大地」のありようである。

そして、現代社会では科学技術が「大地」になったというのである。つまり、われわれは科学技術がなければ、あるいは、科学技術によって構造化されたシステム全体がなければ、存在することもできなければ、歩くこともままならない。実際、都市に住む人々であれば、コンクリートの上を歩くのであり、土の上を歩くわけではない。たまに土の上を歩けば、違和感さえもつし、雨に濡れ、泥まじりになることを毛嫌いさえするものもいるだろう。このような人工的世界は、その素材を自然からもちだすのであり、自然と完全に切り離されるわけではない。

しかしながら、科学技術によって構造化された世界としか触れることがなければ、フェシスは現れ難い。つまり、現代社会おいては「大地」が「大地」のまま隠され続けるのであり、開かれることが困難になってしまったのである。現代において、われわれは「大地」の上に住まうのではなく、「コンクリート」の上に住まう。このように「大地」を理解したとき、ハイデガーの技術批判には、加藤がいうように理論的モデルとして有効性に疑問がもたれたとしても、現代社会への警鐘としての意義はもつにちがいない。

確かに本章では、ハイデガーの徴発性（Gestell）など、近代技術、あるいはメディアに対して、どちらかというと、悲観的な見方をしてきた。しかしながら、ハイデガーの言説がメディアとして機能することは、彼の思想が社会に自己言及的に及ぶのであり、警鐘的な言説としてもたち現れるのである。彼が悲観的すぎるとしても、じつに意味がある。

そもそもメディアは、知を司るのであり、それは文字であろうと、映像であろうと、電子メディアであろうと変わることはないはずである。その意味で、メディアは「覚え書き」なのであり、ソクラテスが指摘したように、少なくとも「覚え書き」には知に関わる可能性が保持されている。なぜなら、われわれは「知」に関する歴史を有しているからでもある。ハイデガーも「知」の歴史上に存在している。よって、われわれはメディアにおいて考えること、対話することがあるといわなければならない。ゆえに、われわれは、メディアには「知」に関わって、「不法侵入」体験の可能性が、あるいは「存在」の了解の可能性があると信頼することができるのである。

われわれの次の課題は、メディア技術における徴発性（Gestell）、つまりそれら総動員体制によって、それらメディア技術が、意味を考慮した知識そのものの技術としての意義を失ってはいないのかどうかについて、真摯に細やかな議論を重ねることだろう。

おわりに

本書では、メディアを巡って、いろいろな議論をしてきた。しかし、主張したいことは本当にシンプルなことにすぎない。「メディアで考えよう！」その一点に尽きる。

われわれはメディアといろいろな形で付き合っているが、じつのところ、暇つぶしに使っていることの方が多い。もちろん、仕事や勉強で疲れているときに、娯楽としてメディアを利用したり、電車のなかで手持ち無沙汰で、何とはなしにメディアをいじってしまうものではある。そういうことを全面的に否定しようなどということは、もちろんない。まあ、ほどほどということでしかないだろう。

しかし、楽な方に流されてしまうので、ありがちではあるが、現代社会は便利、快適、気楽に流れすぎてしまっていることはないだろうか、との想いがもたげてしまう。エントロピーの法則が示すように、どこかで秩序だった世界が増大すれば、他のどこかで同量の無秩序がつくられる。われわれが快適であることが増大すれば、どこかで不快なことも増大するものである。コンビニで手軽におにぎりを買える社会は、工場で低賃金で働く労働者がいなければ成り立たないし、食として問題のあるものが流通するという必然を生む。

メディアも同様のはずである。メディアを便利、快適、気楽に利用すれば、どこかでエントロピーが増大する。それは、おそらく知という領域に関して。つまり、考えることについてである。同時に、メディアは考えるための最上の道具にもなりうる。ゆえに、メディアと対話することの大切さを主張し続けたというのが、本書であった。

ところで、本書は「メディア・リテラシーの倫理学」と題しているにも関わらず、これまでメディア・リテラシーについて構築されてきた知見には、ほとんど言及してこなかった。そこで、最後に簡単にではあるが、メディア・リテラシー論に触れながら、本書を閉じたいと思う。

二一世紀に入り、インターネットの発達もあり、中野収の言葉を借りれば、「外部環境すべてがメディアである」との汎メディア論的な状況になった。テレビやインターネットを含めたメディア環境の変化は、われわれにメディアに対する備えを要請するようになった。特に、メディアからの情報を無批判に受け入れるのではなく、メディアの意味を批判的に解釈し、メディア機器を使いこなし、情報を送り出す能力が問われるようになってきた。つまり、メディア・リテラシーの要請である。

そもそもメディア・リテラシーには二つの潮流がある。それはイギリスとカナダである。特に大衆文化の発達、さらにテレビの発達が大きなきっかけとなった。両者ともにじつは、アメリカ産の文化やテレビ番組が流れる時代になって、若者がそれらの文化を自国の文化かいなかを問わず受容することに対し、保守主義層が危機感を抱いたことが、メディア・リテラシーを教育的な機能として重要視した一因であった。つまり、アメリカの低俗な大衆文化から身を守ろうとしたのである。そして、この営みは理論的に洗練され、今日、メディア・リテラシーに関する意識は内外ともに高まっている。

メディア・リテラシーは、原則や基本的概念が構築され、利用されるようになった。メディアは「構成され、コード化された表現」をつくり出すものとして、ありのままの現実を再現するのではないとまず考えられるようになった。そして、メディアが誰につくられ、どのように構成され、どのように意味をつくり出し、誰によって読まれているのか、メディアの生産から消費に至るプロセスを可視化しようと、数多くの試みがなされてきた。

その定義は以下のようになる。

メディア・リテラシーとは、市民がメディアを社会的文脈でクリティカルに分析し、評価し、メディアにアクセスし、多様な形態でコミュニケーションを創りだす力を指す。また、そのような力の獲得を目指す取り組みもメディア・リテラシーという(1)。

また、これら能力を三つに分類することができるが、それらの総合的力を要求する。それぞれは、

〔1〕メディア使用能力：文字や書物を含めメディア機器やソフトを使いこなす能力。
〔2〕メディア受容能力：新聞記事やテレビ番組などを特定の社会的文脈のなかで、特定のメディア事業体が生み出した情報の構成体としてとらえ、その特性や文脈に基づき批判的に受容し、解釈することができる能力。
〔3〕メディア表現能力：さまざまなメディアを用いて個人やグループの思想、意見、感情などを表現し、社会に働きかける能力。

そして、これらの能力には、教育だけではなく、家庭や多様な社会集団との連携によって、これらを循環構造としながらの実践が要求される。

このように位置づけられるメディア・リテラシーは、情報の受け手である市民が、メディアが有する権力性に対して、そこから発信される情報を批判的に受け止め、自らも情報を発信していくとして、非常に能動性に富んだ主体性を有している。

ところで、本書で考察したメディアと人々の関わり合いは、このようなメディア・リテラシー論が要請する主体性を発揮する以前のありようであった。つまり、人々はメディアとの関わり合いにおいて、まず対話することが倫理として見いだされる。さらに、それらの意味内実についても自覚することにおいて行為する。メディアと人々は対峙するのではなく、それらが身体的な広がりのもとにあるのであり､その主体構造を「メディア主体」とみなす必要がある。「メディア主体」は、メディアのみならず、他者との共同性を有すのであり、原理的に他者と共にあり、他者の訪れにより、変容する。これらがメディアと人々の原的な関係であり、「よく生きること」の現れであった。

ゆえに、メディア・リテラシーとは関わりの形式なのであって、その原理として、ソクラテス／プラトン的な対話がまずある。さらに、対話はわれわれが他者やモノ、さらにメディアと共にあることにおいて、他者性の訪れがあるといえる。これらは上記のメディア・リテラシーの総合的力へとつながる。

これまでのメディア・リテラシー論における主体は市民という概念に収斂した。つまり、一人の独立した主体像がイメージされている。その意味で、近代的主体像であった。個としての市民が前提となり、メディアの権力性と対峙するかのようなイメージである。ここにはマス・メディアに対する不信があるが、個としての私を起点とした主体的批判がある。しかし、そもそも私は他者と共にあり、モノやメディアと共にあることを起点としなければならない。そして、他者の訪れは自覚されなければ、存在しないも同然であり、自覚がすなわち行為となるのである。よって、われわれは変容し、「よく生きる」のである。

このような対話、自覚、自己の変容を切り取る、われわれのメディアとの関わりこそが、根本的なメディア・リテラシーなのだ。われわれが変容すること、すなわち、主体の解体と再編の運動にこそ、メディア・リテラシーが発見されるのである。

そのうえで、議論をハイデガーの技術論にまで広げ、現代の技術、つまりメディアでもあるが、かつての近代以前の技術とは、その本性を変容している可能性があることを確認した。その作業によって、現代のメディア技術を批判的に検討するたたき台をつくった。メディアもまた徴発性(Gestell)として立ち現れるなら、それらは知識や情報を司るという点で、人間にとって本質的問題になる。徴発性(Gestell)のもと、人々はメディア・リテラシー論が要請するような主体性を発揮していようが、それ自体が徴発された結果である。

しかし、マクルーハンがメディアの機能を可視化したように、ハイデガーの技術論もまた近代の科学技術やメディア技術の可視化に貢献しているとすれば、彼の言説もまたメディアとして機能している。よって、この認識を自覚すること、対話することに開かれることによって、批判的実践が可能になるかもしれない。そして、いまこれらの議論を通して、これらの認識がメディア・リテラシーを問うための基盤になったのである。

つまり、本書はメディア・リテラシーを問うための前提的議論であり、人間の根本である「よく生きること」に関わり続けることにおいて、メディアとの関わりにおいて、倫理を基底とする試みであったのだ。

かつて日本でも、メディア・リテラシーに注目が集まった時期があった。二〇〇〇年ごろである。メディア・リテラシーに関する書籍が出版され、テレビなどのメディアでも、メディア・リテラシーに関わる情報が提供されたものであった。それらはマス・メディアが真実を提供しないことに対する批判であり、市民のエンパワーメントによるメディア環境の改善、そして、IT技術の浸透から、これまで享受するだけの存在であった受け手が、送り手となることに対する期待があった。つまり、悪しきメディアを市民の手で改善してくれると。

新聞、テレビ、インターネットなどのメディアに対して、真偽織り混ざった情報から、価値ある真実の情報を嗅ぎ分ける能力が求められると理解されたように思われる。それが市民の責任でもあると。ましてや、マスゴミと揶揄される時代となり、フクシマに関する情報の偏向や隠蔽が繰り返されてもいる。そこでマス・メディアに対する不信は拡大する一方でもある。

ところで、マス・メディアは真実を報道するものだろうか。そもそもメディアの基本原理として、テレビが現実を正しく反映して再現することなどはありえない。メディアが現実を正しく反映してコピーすることはありえない。それは、活字メディアであってもである。例えば、映像で切り取るとき、カメラアングルを選択し、音響効果を加え、編集意図が組み込まれるし、編集意図とは別次元でも、なにがしかが映像に組み込まれることもあるからである。その意味で、唯一の真実というものは存在しないのである。

そのうえで、それらを選択し、解釈するのは、われわれに委ねられている。つまり、メディアは唯一の真実を伝えることはできない。それゆえ、真実を伝えないことを批判する言説は、その批判の根拠を存在しない真実に負わせるので、そのじつ虚偽であり、反復的なマス・メディア批判というイデオロギー言説でもある。

では、メディアは真実を伝えないとして悲観的になる必要があるのだろうか。そうではない。メディア・リテラシー論はメディアの真偽を問う議論ではなく、真偽混淆の情報に対するわれわれ受け手の受容のあり方や姿勢を問うものとしてある。つまり、われわれはメディアとの関係において「よく生きること」が実現しているのかいないのかが、常にわれわれの足元から問われるということを備えとするのである。付言しておけば、実際の研究者からのメディア・リテラシー論は、真偽の判断、真実の確定を強調するのではなく、相対的な位置に立つことを意識しつつ、社会的文脈からの批判性を指摘してはいた。それが一般に広がるプロセスにおいて、通俗化したように思われる。

足元は「大地」に接しているのだが、普段はそれと気づかずにいる。それゆえ、問われることにおいて気づくのだ。そこからメディア・リテラシーの再編が起こる。メディアと対話し、友人と対話し、学生と教員が対話するといった他者との関わりにおいて。そこにこそ、メディア・リテラシーが有する倫理がある。

もちろんだからといって、マス・メディアが明らかな虚偽情報を流したり、意識的、あるいは〝空気を読んで〟情報操作しているとしたら、真実の報道自体がある種の虚構であるとするスタンスであっても、その送り手の姿勢を批判する必要があるのはいうまでもない。影響力の大きいマス・メディア、特にジャーナリズムに期待される倫理は、それ自体、当の報道に関わるものへの問いかけだからである。

ここで詳細を述べることは省くが、ジャーナリズムに期待される倫理は、マス・メディアが人々の思想や行動にもつ大きな影響力を鑑みて、われわれの社会が「よく生きること」になるためにあるのが、そもそもの大原則である。それゆえ、常に問われ、対話し続け、メディアによって構成されるリアリティや真実性が追究され、再編されていくのであり、本書で繰り返し語ってきたメディア・リテラシーに内在する倫理と適合的なのである。このように確認したうえで、現在のマス・メディアがこの問いかけに応えているのかについての考察と反省が必要になるだろう。

さて、ここでメディア・リテラシーに関して既存の議論ではあまり触れられていないことを二点取り上げて、本書を閉じることにしよう。

一つ目は、送り手のメディア・リテラシーに関してである。例えば、若者が新聞を読まないとすると、マーケティング志向から、若者に新聞を読ませる戦略が練られることになる。若者が関心をもつであろう記事、若者が主役となる記事を前面に出すなど。あるいはＳＮＳとの連動をつくり、読者を誘導するといったことが考えられる。つまり、送り手と受け手の関係を、商品を媒介とした市場原理で見て、需要傾向を利用したり、需要を掘り起こすなどが、送り手のメディア理解となっている。メディアを送り手からの商品とみなす、資本主義社会での一般的〝メディア・リテラシー〟である。

しかしながら、このようにメディアが商品であるという理解は、問われてもいいはずである。

どうして、ルターは聖書をドイツ語訳にしたり、多くの出版物やパンフレットをつくったのだろうか。そこには、ルターのメディアとの関わり、つまり、ルターの〝メディア・リテラシー〟が現れているのであり、現状のメディア・リテラシーに対してなにがしかを語ってくるのではないだろうか。

そもそも、すでに共同性のただなかにあり、送り手は独自の立場を有《も》つのだから、視聴者のニーズに応えようと〝神経症〟的に身構える必要はない。共同性のただなかにあることを前提とし、送り手は共同性から否定され、その共同性は送り手の独自の立場から否定されるという往復運動をも有《も》つ。なおかつ何かを伝える仕事なのだから、伝えたいこと、伝えなければいけないと考えることを伝えればいいのである。そして、伝えようとしたことが、そのメディア、表現に組み込まれているのか、魂が入っているのか、表現者として問われるのである。そこにこそ、送り手が再編されることによって獲得される〝メディア・リテラシー〟が見いだされるはずである。と同時に、社会の〝メディア・リテラシー〟の再編もある。

二つ目は、メディア・リテラシーと知識、教養の関係である。例えば、昨今自民党が憲法改正を訴え、改正草案を発表し、議論噴出となったが、この動きが新聞やテレビで報道されたとき、メディア・リテラシーに何ができるのだろうか。自民党のこの動きで問われた中心的問題は、立憲主義であった。つまり、立憲主義とは何であるのかの知識がなければ、この問題に対して批判する位置に着くことさえできなかった。立憲主義の知識を前提にして、その後、問われるのがメディア・リテラシーになるだろう。

結局、メディアについての理解は知識や教養、社会についての理解を前提にしていなければ、不十分な役割に陥ってしまうことになるだろう。もちろん、それら知識や教養自体もメディアによって理解されるものである以上、広い意味でのメディア・リテラシーにはなる。例えば、子宮頸がんワクチンに関して、現在ワクチンよる副作用が大きな社会的問題になっているが、ワクチン推奨のキャンペーンがさまざまなメディアで行われていた。当然、その時点で副作用の問題は問われるべきであったはずであるが、一般の人にはまったく知りえない問題であった。そこで、必要なのは医療的な、あるいは科学的な専門的知識や、製薬メーカーと厚生労働省との関係をめぐる政治に関する洞察力になるだろう。つまり、薬や病気、あるいは健康に関わる社会に関する知識や洞察力が要求されるのである。ワクチンが新聞やテレビなどで報道、広告されるときに稼働するメディア・リテラシーは、これらの知識や洞察力が前提でなければ意味がないことになってしまう。それはどこかに悪を見いだそうとする陰謀論とはまったくちがったものである。

ゆえに、このような事例から指摘できるのは、メディア・リテラシーはメディアに関する理解力だけでは不十分であり、社会に関する知識や教養、あるいは洞察力が前提なのである。メディア・リテラシーは社会を知ることでもある。

本書は、富山英彦著『メディア・リテラシーの社会史』（青弓社）を継承しつつ、より原理的な形で、メディアとわれわれの関係を問うたものである。富山著から時間が経ってしまったが、富山と私が、まだ学生時代に行っていた二人だけの勉強会において学んだことが、本書の下敷きとなっている。であるから、本当に時間が経ってしまった。富山はメディアの社会理論へと関心が動くが、私といえば、つねに原理的な議論で満足しがちであり、その満足に対して、よく叱咤されたものである。つまり、私自身も社会学者として、メディアの社会理論に進むようにと。

今回、当時の私がこだわった原理的な議論を少しばかり形にすることができたと思う。もう少しこだわることはあるのだけれど、富山のアドバイスにしたがい、遅くはなってしまったが、次に進もうと思う。富山に感謝である。

本書もまた、対話から生まれたのであった。

注

第一章

（1）ジャン＝リュック・ゴダール（奥村昭夫訳）『ゴダール／映画史』上・下、筑摩書房、一九八二年
（2）ジル・ドゥルーズ（財津理訳）『差異と反復』河出書房新社、一九九二年

第二章

（1）養老孟司『バカの壁』新潮新書、二〇〇三年、五三頁
（2）C・E・シャノン、W・ウィーバー（長谷川淳他訳）『コミュニケーションの数学的理論　情報理論の基礎』明治図書出版、一九六九年
（3）クラップ（小林宏一・川浦康至訳）『情報エントロピー　開放化と閉鎖化の適応戦略』新評論社、一九八三年
（4）西垣通『ウェブ社会をどう生きるか』岩波新書、二〇〇七年
（5）集合知については、ジェームズ・スロウィッキー（小高尚子監訳）『「みんなの意見」は案外正しい』（角川書店、二〇〇六年）とスコット・ペイジ（水谷淳訳）『「多様な意見」はなぜ正しいのか　衆愚が集合知に変わるとき』（日経BP社、二〇〇九年）
（6）西垣通『基礎情報学　生命から社会へ』NTT出版、二〇〇四年、三〜一九頁

第三章

（1）養老孟司『養老孟司の大言論Ⅰ　希望とは自分が変わること』新潮社、二〇一一年、二三頁
（2）Y・V・ユクスキュル（入江重吉／寺井俊正訳）『生命の劇場』講談社学術文庫、二〇一二年

（3）プラトン（田中美知太郎訳）『テアイテトス』岩波文庫、一九六六年

（4）養老前掲書『バカの壁』六二頁

（5）D・ベル（内田忠夫他訳）『脱工業化社会の到来　社会予測の一つの試み』ダイヤモンド社、一九七五年。梅棹忠夫『情報の文明学』中央公論社、一九八八年。

なお、ポスターによれば、ベルの脱工業化論は知識と情報を現代社会における決定的な変数とする理論であり、社会科学的な精緻さに欠くと指摘している。さらに、情報を経済的事実とすることによって、現代社会における電子的テクノロジーによって変容する、新しいコミュニケーションのあり方や文化については問題とすることがないとも指摘している。つまり、簡略化すれば、ベルの議論は資本主義の主導因が情報になったとする議論であり、脱工業社会における言語変容の問題について看過しているのである。

そこでポスターは、言語の理論をシンボル交換の形態に着目して、情報様式として整理する。情報様式には文明史の三段階がある。まず、声の段階で、シンボルの照応により成立している。自己は体面的な全体性に埋め込まれ、発話地点として構成される。次いで、印刷の段階で、記号の再現、表象によって成立する。そこでは、自己は理性的な存在として振る舞い、想像的自律性における中心化された主体とみなされる。最後が現代の電子的段階で、情報のシミュレーションによって性格づけられる。そこで、自己は脱中心化され、アイデンティティは多数化されてしまう。このように情報様式の歴史的段階において、インターネットが人々に浸透してきた時期に、主体の変容とその位置づけの変化についての問題設定がなされていた（M・ポスター（室井尚／吉岡洋訳）『情報様式論　ポスト構造主義の社会理論』岩波書店、一九九一年）。

（6）グレゴリー・ベイトソン＋メアリー・キャサリン・ベイトソン（星川淳訳）『天使のおそれ　聖なるもののエピステモロジー』青土社、一九九二年、一一六頁

（7）これまでの情報に関する議論は、心理学者J・ギブソンのアフォーダンスという考え方を背景としている。アフォーダンスでは、情報は生物とは別のシステムである環世界にあるが、生物の知覚によって意味や価値が生成すると考える。例えば、硬い材質の木が生物に、その上に乗っても大丈夫であるとの情報を与える

(afford) わけである。J・ギブソン (古崎敬、古崎愛子、辻敬一郎、村瀬旻訳)『生態学的視角論』サイエンス社、一九八五年

(8) 中野収『メディアと人間　コミュニケーション論とメディア論』有信堂、一九八六年、一七頁

第四章

(1) 藤沢令夫『「よく生きること」の哲学』岩波書店、一九九五年、一二～一三頁

(2) バートランド・ラッセル (市井三郎訳)『西洋哲学史二』一九七〇年、みすず書房、三八～四六頁

(3) 藤沢前掲書『「よく生きること」の哲学』一〇～一七頁

(4) 藤沢前掲書『「よく生きること」の哲学』一七頁

(5) 藤沢令夫『プラトンの哲学』岩波新書、一九九八年、七頁

第五章

(1) これらソクラテス／プラトンの哲学については、もちろんのその著書を手にして読んでもらいたい。また、その最良の案内書としては、四章でもたびたび依拠した藤沢令夫著『プラトンの哲学』(岩波新書、一九九八年)を参照してほしい。本書では、プラトン哲学の理解については、多くを藤沢論に依拠している。引用部分はプラトン (久保勉訳)『ソクラテスの弁明・クリトン』(岩波文庫、一九六四年改版) による。

(2) 藤沢前掲書『「よく生きること」の哲学』四頁

(3) セルジュ・ラトゥーシュ「〈脱成長〉の道　つましくも豊かな社会へ」勝俣誠／マルク・アンベール編著『脱成長の道』コモンズ、二〇一一年、二〇～四七頁

(4) 木田元『哲学は人生の役に立つのか』ＰＨＰ研究所、二〇〇八年、一八～二三頁

(5) 小室直樹『数学嫌いな人のための数学』東洋経済新報社、二〇〇一年

(6) 池田清彦『分類という思想』新潮社、一九九二年

(7) 藤沢前掲書『「よく生きること」の哲学』一五〇頁
(8) 丸山圭三郎『ソシュールの思想』岩波書店、一九八一年

第六章

(1) 社会学者の菅野仁は親密性と他者とのつながりの関係について、ジンメルの生の哲学から現代日本社会の状況を診断している。ジンメルに焦点を当てた理論的考察として、菅野仁『ジンメル・つながりの社会学』(NHK出版、二〇〇三年)、また若者の友人関係のわかりやすい解説として、同著『友だち幻想　人と人の〈つながり〉を考える』(ちくまプリマー新書、二〇〇八年)を参考のこと。
(2) プラトン(藤沢令夫訳)『パイドロス』岩波文庫、一九六七年、一三四～一三七頁
(3) 廣井脩『流言とデマの社会学』文春新書、二〇〇一年
(4) 大宅壮一『大宅壮一全集』蒼洋社、一九八一年
(5) 荻上チキ『社会的な身体　振る舞い・運動・お笑い・ゲーム』講談社現代新書、二〇〇九年
(6) 荻上前掲書『社会的な身体』一九～二〇頁

第七章

(1) 二〇一〇年に話題になったハーバード大学のマイケル・サンデル「白熱教室」は、具体的な社会問題に焦点を当て、「よく生きること」、善の内実を考察する近代政治哲学において解説批判する試みであった(マイケル・サンデル／鬼沢忍訳『これからの「正義」の話をしよう　今を生き延びるための哲学』早川書房、二〇一〇年)。この本の中でアリストテレス、カント、ロールズ、そしてサンデル自身の考えは、ソクラテス的な「善の探求」の試みにそれぞれ独自の角度から形を与えようとしていると思われる。
(2) H・A・イニス(久保秀幹訳)『メディアの文明史　コミュニケーションの傾向性とその循環』新曜社、一九八七年

（3）W・J・オング（林正寛／糟谷啓介／桜井直文訳）『声の文化と文字の文化』藤原書店、一九九一年
（4）I・イリイチ（桜井直文監訳）『生きる思想　反＝教育／技術／生命』藤原書店、一九九一年
（5）パリーの見解については、I・イリイチ／B・サンダース（丸山真人訳）『ABC　民衆の知性のアルファベット化』（岩波書店、一九九一年）を参照。
（6）E・A・ハヴロック（村岡晋一訳）『プラトン序説』新書館、一九九七年

第八章
（1）J・デリダ（足立和浩訳）『グラマトロジーについて』現代思潮社、一九七六年
（2）オースティンの言語行為論については、東浩紀著『存在論的、郵便的　ジャック・デリダについて』（新潮社、一九九八年）を参考にした。なおコミュニケーションの階層性については、ベイトソンのダブルバインド理論が参考になる。ベイトソンのコミュニケーション理論に関する解説として、野村直樹著『やさしいベイトソン　コミュニケーション理論を学ぼう！』（金剛出版、二〇〇八年）。あるいはオースティン、ベイトソンを含むコミュニケーションのフレーム問題から、サブカルチャー分析をしたものとして、齋藤環著『文脈病ラカン／ベイトソン／マラトゥーナ』（青土社、二〇〇一年）。
（3）内山勝利『対話という思想　プラトンの方法叙説』岩波書店、二〇〇四年、一七二頁
（4）プラトン（藤沢令夫訳）『パイドロス』岩波文庫、一九六七年、一三三頁
（5）藤沢前掲書『プラトンの哲学』六〇～六八頁。デリダを詳細に批判することは手に余るが、デリダは「ロゴスのディアロゴス性」を「原エクリチュール」といっているということはないだろうか。少なくとも、人間の言語活動の基底に座し、あるいは流動しているという点で、言葉の据え置かれた位置が同じような性格と考えられる。
（6）T・A・スレザーク（内山勝利／丸橋裕／角谷博訳）『プラトンを読むために』岩波書店、二〇〇二年、一六六～一六七頁

(7) 内山前掲書『対話という思想』一八二頁
(8) ニーチェ(渡辺二郎訳)ニーチェ全集『哲学者の書』ちくま学芸文庫、一九九四年

第九章
(1) 竹内成明『コミュニケーション物語』人文書院、一九八六年
(2) E・アイゼンステイン(別宮貞規監訳)『印刷革命』みすず書房、一九八七年
(3) B・アンダーソン(白石さや/白石隆訳)『〈増補〉想像の共同体』NTT出版、一九九七年
(4) M・マクルーハン(森常治訳)『グーテンベルクの銀河系』みすず書房、一九八六年
(5) オング前掲書『声の文化と文字の文化』
(6) 佐々木中『切りとれ、あの祈る手を 〈本〉と〈革命〉をめぐる五つの夜話』河出書房新社、二〇一〇年、五二頁
(7) 徳善義和『マルティン・ルター ことばに生きた改革者』岩波書店、二〇一二年
(8) 佐々木前掲書『切りとれ、あの祈る手を』二六頁
(9) 佐々木前掲書『切りとれ、あの祈る手を』七三頁
(10) 徳善前掲書『マルティン・ルター』一七八~一七九頁

第一〇章
(1) ショウペンハウエル(斎藤忍随訳)『読書について』岩波書店、一九六〇年、一二七~一二八頁
(2) 三木清「書物の倫理」『三木清全集 第一七巻』岩波書店、一九六八年、二一〇~二一五頁
(3) 齋藤孝『読書力』岩波書店、二〇〇二年
(4) 徳善前掲書『マルティン・ルター』五一頁
(5) 徳善前掲書『マルティン・ルター』一〇〇~一〇一頁

（6）徳善前掲書『マルティン・ルター』一六六頁
（7）竹内前掲書『コミュニケーション物語』一九三〜二〇一頁

第一一章
（1）内田樹『街場のメディア論』光文社、二〇一〇年、一三五〜一三九頁
（2）マルセル・モース（吉田禎吾／江川純一訳）『贈与論』ちくま学芸文庫、二〇〇九年
（3）重田園江『連帯の哲学Ⅰ　フランス社会連帯主義』勁草書房、二〇一〇年、二一三〜二四四頁
（4）ジョン・ロック（鵜飼信成訳）『市民政府論』岩波文庫、一九六八年
（5）例えば、中世日本の功利主義的性格をあわせもつ贈与については、櫻井英治『贈与の歴史学　儀礼と経済のあいだ』中公新書、二〇一一年
（6）内田樹『レヴィナスと愛の現象学』文春文庫、二〇一一年、四五〜五八頁
（7）内田前掲書『街場のメディア論』一七九〜一八二頁
（8）内田前掲書『街場のメディア論』一八四〜一八五頁
（9）日本のネット環境をアーキテクチャという概念から的確な社会分析をしている文献として、浜野智史『アーキテクチャの生態系　情報環境はいかに設計されてきたか』NTT出版、二〇〇八年
（10）W・パワーズ（酒井泰介訳）『つながらない生活　「ネット世間」との距離のとり方』プレジデント社、二〇一二年、一九三頁

第一二章
（1）和辻哲郎『人間の学としての倫理学』岩波全書、一九三四年、一頁
（2）和辻哲郎『和辻哲郎全集』第九巻、岩波書店、一九六二年、五四〜五五頁
（3）和辻は『人間の学としての倫理学』において、「共同体」とはいわず、「共同態」と記している。その理由に

ついての記述はないが、「態」という文字が使われることによって、共同性を担う集合体が変化せず、人間による改変の契機が存在しないとの印象から逃れていると思われる。そもそも和辻の間柄や否定弁証法的論述からして、変化し得るというより、変化することを常態とすると考えられ、変容することを意味する「態」が使われていると考えると納得しやすい。

（4）人倫五常とは、孟子の教えである。その中身は、五常は四徳「仁・義・礼・智」に「信」を加えて構成され、人倫とは五倫であり、「親・義・別・序・信」であるが、つまり「父子親あり、君臣義あり、夫婦別あり、長幼序あり、朋友信あり」が人間の基本的な関係を規律する徳目であると考える。

（5）和辻前掲書『人間の学としての倫理学』一～三一頁

（6）田中久文『日本の「哲学」を読み解く 「無」の時代を生きぬくために』ちくま新書、二〇〇〇年、九三頁

（7）和辻前掲書『人間の学としての倫理学』一六四～一七九頁

（8）富山英彦『メディア・リテラシーの社会史』青弓社、二〇〇五年、一七～三〇頁

（9）富山前掲書『メディア・リテラシーの社会史』一三頁

（10）和辻前掲書『人間の学としての倫理学』三二～四一頁

（11）M・ハイデッガー（関口浩訳）『芸術作品の根源』平凡社、二〇〇二年

（12）仲田誠『メディアと異界（遠くにあるもの）「心眼」と「存在の彼方奥行」を取り戻すための「情報学」』砂書房、二〇〇八年、一六〇～一六三頁

（13）石田英敬『記号の知／メディアの知 日常生活批判のためのレッスン』東京大学出版会、二〇〇三年、五頁

第一三章

（1）室井尚『哲学問題としてのテクノロジー ダイダロスの迷宮と翼』講談社、二〇〇〇年、一五〇頁

（2）樫村愛子『「心理学化する社会」の臨床心理学』世織書房、二〇〇三年

（3）脳機能学者の苫米地英人によると、現代社会で臨場感空間をもっとも作りやすいメディアがテレビであり、「テ

レビによる洗脳」という少しばかり強い表現から、メディアの制度を含む問題点を指摘している。現代人がテレビに出る有名人に対して過剰な関与や愛着をもつのは、テレビがつくり出すラポールにあるという（苫米地英人『テレビは見てはいけない　脱・奴隷の生き方』PHP新書、二〇〇九年）。

（4）樫村愛子は自己啓発セミナーを取り上げ、自己啓発セミナーで行われている心理療法の手法による個人の心理的弱点への介入が、それを真実と捉え、高揚感を与えることを社会の心理学化の一例として分析している（樫村愛子『ネオリベラリズムの精神分析』光文社新書、二〇〇七年）。社会の心理学化の自明であり身近な考えについて、ひとつ取り上げておこう。ゲーミフィケーションである。人々の消費行動のなかにゲームの要素を組み込み、その楽しみや〝お得感〟を演出し、消費を促進する方法である。例えば、クレジットカードやスーパーなどのポイントなどである。あるいはAKB48のじゃんけん大会や「選抜総選挙」におけるCDについている投票券なども、ゲーミフィケーションと見ることができる。ゲーミフィケーションは消費だけではなく、労働の場面でも取り入れられ、社会のマクドナルド化と歩調を合わせている。これもまた樫村がマクドナルド・カルト（企業カルト）という概念を提示しつつ、企業の共同性構築に果たす心理学的・宗教的役割について分析、批判している。

（5）N・G・カー（篠儀直子訳）『ネット・バカ　ネットがわたしたちの脳にしていること』青土社、二〇一〇年

（6）N・ボルツ（村上淳一訳）『世界コミュニケーション』東京大学出版会、二〇〇二年

（7）西田幾多郎『善の研究』岩波文庫、一九五〇年、一三頁

（8）小坂国継『西田幾多郎の思想』講談社学術文庫、二〇〇二年、一二八頁

（9）上田閑照編『西田哲学論集Ⅰ』岩波文庫、一九八七年、二六五頁

（10）西田哲学については西田自身の著作以外に、小坂前掲書のほか小坂著『西田哲学の基層　宗教的自覚の論理』（岩波書店、二〇一一年）、中村雄二郎著『西田哲学の脱構築』（岩波書店、一九八七年）、藤田正勝著『現代思想としての西田幾多郎』（講談社、一九九七年）を主に参照した。なお、西田哲学の解説としては、上記

以外では中岡成文著『私と出会うための西田幾多郎』（出窓社、一九九九年）、永井均著『西田幾多郎〈絶対無〉とは何か』（日本放送出版協会、二〇〇六年）が最良の入門書である。

第一四章

（1）M・マクルーハン（栗原裕／河本仲聖訳）『メディア論　人間の拡張の諸相』みすず書房、一九八七年
（2）合庭淳『ハイデガーとマクルーハン　技術とメディアへの問い』せりか書房、二〇〇九年、八二〜八五頁
（3）室井前掲書『哲学問題としてのテクノロジー』一〜八頁
（4）ハイデガーのGestellという概念には、決まった訳語というものがなく、訳者によって「仕組み」「組–立」「巨大–収奪機構」「立て–集め」などさまざまである。ハイデガーは「Ge-stell」と「-」を付けたりもし、概念の内実を既存の意味から差異化しているように思われる。ドイツ語としては「組み–立て」とでもいう意味になろうかとは思うが、本書では、技術が知らず知らずにわれわれの背後にあって、われわれのありようを決定しているという意味を強調して使用しているので、その意味を喚起しやすいということで、加藤尚武の「徴発性」ということばを利用することにし、「徴発性（Gestell）」と記述している。
（5）M・ハイデガー（関口浩訳）『技術への問い』平凡社、二〇〇九年
（6）加藤尚武『ハイデガーの技術論』理想社、二〇〇三年
（7）岩田靖夫『いま哲学とは何か』岩波新書、二〇〇八年、一〇六頁
（8）古東哲明『ハイデガー　存在神秘の哲学』講談社現代新書、二〇〇二年、二四六頁
（9）尾本恵市『人類の自己家畜化と現代』人文書院、二〇〇二年
（10）加藤前掲書『ハイデガーの技術論』二六頁

おわりに

（1）鈴木みどり『メディア・リテラシーを学ぶ人のために』世界思想社、一九九七年、八頁

人名索引

●著者略歴
小林正幸（こばやし・まさゆき）
1964年生まれ。北海道出身。法政大学大学院博士後期課程社会学専攻単位取得退学。専門は文化社会学およびメディア論。現在、法政大学社会学部、玉川大学文学部などで社会学やメディア論に関する講義を行っている。
著書に『力道山をめぐる体験　プロレスから見るメディアと社会』、共著に『レッスル・カルチャー　格闘技からのメディア社会論』（ともに小社）。ほかの論文として、「西田幾多郎からのメディア論序説　行為的直観による現代メディア批判」（武蔵社会学論集『ソシオロジスト』15号、2013年、武蔵社会学会）など。

メディア・リテラシーの倫理学

2014年6月9日　初版発行

著　者　小林正幸

発行所　株式会社風塵社

〒113-0033　東京都文京区本郷3-22-10
TEL 03-3812-4645　FAX 03-3812-4680

印刷：吉原印刷株式会社／製本：株式会社越後堂製本
装丁：閏月社